SHODENSHA SHINSHO

江戸《えど》の御触書《おふれがき》

楠木誠一郎《くすのきせいいちろう》

祥伝社新書

※本書は、二〇〇八年刊行の『江戸の御触書――生類憐みの令から人相書まで』（グラフ社）に加筆・修正のもと、新書化したものです

はじめに——御触書入門

「お触れ」――読者のみなさんは、なにを想像するだろうか。

江戸時代の庶民が口々に「なんだ、なんだ」と言いながら、高札《こうさつ》の前にわらわら集まって見上げているような、時代劇で見たようなシーンを思い浮かべる人もいるかもしれない。

あの高札には、どんなことが書かれていたのか。

また、現代社会でも「触れ回る」という言葉が使われる。「吹聴する」という意味で使われることが多いが、じつは『広辞苑』を開いても、まず「触れを伝えて歩く」と書かれている。もし現代社会で「お触れ」が出されるとしたら、どのような形態になるのかについても考えてみたい。

一口に「お触れ」といっても、いろいろある。

まず「触」という言葉だが、大きく分けて二種類ある。
①江戸幕府（以下、幕府）や大名などから関係部署に伝達された法令や規制を伝達する「達《たつし》」。天皇や公家に対する「禁中《きんちゅう》並《ならびに》公家《くげ》諸法度《しょはっと》」、寺院に対する「諸宗《しょしゅう》本山《ほんざん》本寺《ほんじ》諸法度《しょはっと》（寺院法度）」と同じように、武家（武士）には根本の法令「武家諸法度」があったが、それ以外の細かな法令は、老中から関係部署へ「達」という形式で伝達された。
②庶民に公布された法令や規制を伝達する「御触書《おふれがき》」。
これら「触」は、老中や若年寄のいる部署で草案が作成され、将軍の裁決を経て、表右《おもてゆう》

筆《ひっ》部屋で写しが作られてから、老中などから「下」へ伝達された。

本書で取り扱うのは、「触」の②、「御触書」のほう。

この、庶民に公布される「御触書」も、大きく分けて二つある。

①老中から出された「惣触《そうぶれ》」。

②町奉行（現在の東京都知事、警察庁長官、最高裁判所長官などを兼務していた）から出された「町触《まちぶれ》」。

老中から出される「惣触」も、町奉行経由で出されることがあったから、庶民は「惣触」と「町触」の区別がつかず、ただ「町触」と呼んでいた。だれが公布しようが「お上《かみ》」の命令に変わりないので、形式はどうでもよかったのだ。

ただし、神社、寺、陰陽師《おんみょうじ》などは、町奉行ではなく寺社奉行の管轄だったので、これら宗教方面へは寺社奉行が「御触書」を公布していた。

「御触書」の大部分を占める「町触」は、次のような経路で庶民に伝えられた。

「町奉行→町年寄→名主《なぬし》・月行事《がちぎょうじ》→家主《いえぬし》→店子《たなこ》（庶民）」

町年寄は、町奉行の支配を受ける町役人の上席。身分は町人。

名主は、町年寄の下に位置する町役人。身分は町人。たんに「年寄」「肝煎《きもいり》」「町代《ちょうだい》」などとも言う。いまの町内会長・自治会長にあたる。

月行事は、五人組（幕府が連帯責任をもたせたご近所グループ）の月当番。五人組が、いまの町内における「組」「班」とすると、組長・班長にあたる。

家主は、貸家の持ち主、また持ち主に代わって貸家を取り締まる家主《やぬし》のこと。

店子は、家主から家を借りている人。長屋の人々を想像すればわかりやすい。

町奉行は、奉行所に町年寄を集めて「御触書」の文書を渡し、町年寄は名主・月行事を呼んで文書を渡し、名主・月行事は家主を呼んで文書を渡し、家主は店子を呼んで口頭で伝えていた。店子のなかには文字を読めない人たちもいたからだ。全体に、文書ではなく口頭で伝えることもあったが、その場合でもメモにあたる「覚書」をいっしょに渡していた。そうしないと証拠が残らないからだ。

読者のなかには、冒頭で書いた、時代劇で見る「高札の前にわらわら」はどこにいってしまったんだ、と思っている人もいるかもしれない。

江戸の庶民たちに出された「町触」のなかでも、とりわけ幕府が重要とするものは高札場に「高札」を出して掲示していた。

とくに江戸の、日本橋南詰・常盤橋門外・筋違橋門内・浅草橋門内・麴町半蔵門外・芝車町の六か所は「大高札場」といい、キリシタン禁令、火付《ひつけ》の密告、人足の駄賃に関するものなどが常時掲げられていた。雨覆いをしていても、墨文字が薄くなったりすると立て替えられた。その場合は職人たちに入札させて立て替えさせていた。倹約のために、檜《ひのき》や杉といった高価な材木を禁止することもあった。

「大高札場」以外にも、江戸には「高札場」が三十五か所あり、上水、橋梁《きょうりょう》、塵芥《じんかい》など、その場その場に見合う内容の「町触」が書かれていた。また店子まで口頭で伝えられた「町触」が忘れられるといけないというので、町々を仕切る木戸、自身番屋、路地口、名主宅前などに貼られることもあった。口頭で伝えられる「町触」が「都条例」「県条例」「市条例」「町条例」などが書かれた広報や回覧板だとすると、「高札」や、これらの貼り紙は、より重要な条例を書いた掲示板と思えばいい。

「御触書」は、たしかに「お上」が定めた法令だが、国民が日常生活を送るうえでのルールを定めた憲法というわけではない。

なぜなら江戸時代は、憲法にもとづく現代社会のような、選挙によって集まった国民の代表が国会という立法府で法律を作るという民主主義社会ではないからだ。

幕府は、「上から目線」で庶民の生活の細部まで「御触書」で拘束していた。住む家や服装というレベルまで、だ。

ただし幕府が出す「御触書」にも限界はあった。現代社会のようにテレビやラジオといったマスメディアはないし、省庁や地方公共団体のホームページをインターネット上で公開することもできないから、町や村の隅々、庶民ひとりひとりまで「御触書」を知らしめるのは、たいへんだった。たとえ幕府が江戸の隅々まで「御触書」を知らしめることができたとしても、では日本全国の津々浦々まで知らしめることができたかというと難しかったというべきだろう。

江戸時代は、現代とは支配形態が異なっていた。江戸時代は、徳川家が世襲制で将軍位に就き、その下に各国の藩主が集まって幕府を構成していた。幕府の支配は、いちおう全国に及んではいた。いちおうというのは、「武家諸法度」でも「万事江戸之法度の如く、国々所々に於て之を遵行すべし」とされながらも、実際は、それぞれの藩でまた独自の法令を出していたからだ。

江戸・京都・大坂をはじめとする天領（幕府の直轄地）には「達」「御触書」が直接出されていたが、天領以外は藩主の自治に任せていた。それぞれの藩では、天領への「達」「御触書」に倣《なら》うケース、それを無視するケースもあれば、「達」や「御触書」を独自に出すこともあった。

「御触書」は憲法ではないから、必要に迫られるたびに出されていたが、たびたび同じような内容の「御触書」を繰り返し出すことも多かったため、江戸時代になってから出された過去の「御触書」を参照していた。現代のように、パソコンのなかの文書を一発検索することもできないため、そのたびに膨大な文書をひっくり返さなくてはならない。その労力を避けるために、過去の「お触れ」だけを集めた「御触書集成」というものが作られていた。はじめに作られたのは八代将軍徳川吉宗の時代だ。評定所（老中、町奉行・寺社奉行・勘定奉行が大目付・目付の立ち合いのもとで構成された江戸時代の最高裁判所）が過去の「御触書」を集めて『寛保集成《かんぽうしゅうせい》』と名付け、以後、これに倣って『宝暦集成』『天明集成』『天保集成』が作られた。以後、幕末まで、過去のサンプルを流用したため、繰り返し出された「お触れ」には、同じ文面や似た文面が多い。

これら「御触書」を通して見ていてわかるのは、「～してはいけません」という禁令が多いということ。すでに述べたように、庶民のプライベートにまで及ぶこともあった。それも繰り返し繰り返し。

なぜ繰り返し出されたのか。なぜ幕府は繰り返して同じ「御触書」を出さなければならなかったのか。

それは法律・法令の根本問題なのだが、「～している」前例があるから「～してはいけません」という禁令が出される。「お上」から見て、目に余るから禁令を出し、それでも守られないと罰則規定が追加されていくわけだ。

いくら罰則規定を追加しても、同じ「御触書」は出されつづける。大事な法令だからでもあるが、庶民が守っていなかったことをも意味している。なぜ守っていなかったのかというと、おかしな話だが、同じ内容の「お触れ」が繰り返し出されるからだ。庶民は「三日法度」と呼んで「いまだけの禁令だろう」と甘く見ていた。まさに、「イタチごっこ」だった。「御触書」は、「お上」と庶民のイタチごっこの歴史だったとも言える。

だが「御触書」は「〜してはいけません」の禁令ばかりではなかった。本文で詳しく書いているが、疫病や災害が起きたときには、現代の日本政府にも見習ってほしいほど、幕府の温情を感じさせる「お触れ」も出されている。

江戸時代の庶民は「御触書」が出されるたびに「なんでぇ、めんどくせぇな」とブツブツ言うことが多かっただろうが、たまには「さすがは『お上』、ありがてぇ」と涙ぐむこともあったはず。

「めんどくせぇな」と思う「御触書」も、「ありがてぇ」と思う「御触書」も、よくよく見てみれば、それぞれの時代の世相や世情がよく表れている。

たとえば赤穂浪士の吉良邸討入りから二か月が経った元禄十六年（一七〇三）二月、幕府は謡曲・小唄で政治をネタにすることを禁じるお触れを出している（48頁）。そこには幕府の思惑と、一方おいそれとは屈しない庶民の反応が見え隠れしているのだ。御触書は「お上」（＝幕府）と庶民のイタチごっこであったとしても、義務と権利の応酬であったとしても、それぞれの思いを垣間見ることができるメディアの一種と見ていい。

本文では、「御触書」の内容をジャンル分けしたうえで、それぞれのジャンルの代表的なサンプルをもとに執筆している。とはいえ「御触書」そのものは難解。そのまま掲載するわけにはいかない。そこで「御触書」入門編の締めくくりに、次頁以降で、「御触書」のなかでも、さらに「町触」のなかでもとくに重要で、江戸の大高札場に立てられた「市中諸法度」の一部を原文で紹介し、その現代語訳を付した。

ひとりでも多くの方が、歴史を楽しんでくださいますように。

二〇一九年秋

楠木誠一郎

正徳《しょうとく》元年（一七一一）五月

定

一、親子、兄弟、夫婦を始め、諸親類に親しく、下人《げにん》等に至る迄《まで》、之《これ》をあはれむべし、主人あるともがらは、各其方向に精《せい》出すべき事。

一、家事を専らにして懈《おこた》る事なく、万事其分に不可過事《すぎべからざること》。

一、偽りを為《な》し、又は無理をいひ、惣《そう》じて人の害になる事をなすべからざる事。

一、博奕の類、一切に禁制の事。

一、喧嘩、口論を慎しみ、若《もし》其事ある時は、みだりに出合べからず、手負たるもの隠し置くべからざる事。

一、鉄砲みだりに打べからず、若違反のものあらば申出べし、隠し置、他所よりあらはるゝに於ては、其罪重かるべき事。
一、盗賊悪党の類あらば申出べし、急度《きつと》御褒美可被下事《くださるべきこと》。
一、死罪に行はるゝ者ある時、馳《はせ》集るべからざる事。
一、人売買かたく停止す、但《ただし》男女の下人、或《あるい》は永年、或は譜代に召置候
事は、相対に可任事《まかすべきこと》。
附、譜代の下人、又は其所に往来《ゆききた》るともがら、他所へ罷越《まかりこし》、妻子をも
ち、有付《ありつき》候もの、呼返すべからず、但、罪科あるものは制外の事。
右の条々可相守《あいまもるべく》候、若相背《あいそむく》に於ては、可被行罪科者也《つみとがおこなわらるべきもの》
正徳元年五月日　　　　奉行
（ルビは著者による）

【現代語訳】

一、親子、兄弟、夫婦をもちろん、すべての親戚と親しくし、身分の低い者を憐れみ、主のいる者は勤めに精を出し、怠らないようにすること。

一、家業に専念し、自分の分《ぶ》をわきまえること。

一、嘘をついたり、無理な言いがかりをつけたりして、他人の迷惑をかけないこと。

一、博奕のたぐいは、いっさい禁止。

一、喧嘩や口論は慎み、もし騒いでいても野次馬になってはならない。また、それが原因で怪我をした者を隠してはならない。

一、鳥獣をみだりに撃ってはならない。もし違犯している者がいたら訴え出ること。匿《かくま》ったりして、密告で露見したときはその罪は重い。

一、盗賊・悪党がいたら訴え出ること。訴え出たら褒美を与える。

一、斬罪がおこなわれる場所に集まって見物してはならない。

一、人身売買はかたく禁止する。ただし身分の低い奉公人、年季のない者、あるいは代々召し抱えている場合はそれぞれに任せる。
付　代々召し抱える奉公人、その土地に長く住みついている者がよそへ引っ越して妻子をもった場合は呼び返してはならない。ただし逃亡など罪を犯した者は例外とする。
右の条々は、きちんと守りなさい。もし背いたときには犯罪者となる。
正徳元年五月日　　　　奉行

この高札のほかに、人足の駄賃、キリシタン禁制と密告者への褒美、毒薬販売禁止、通貨偽造禁止、新作出版の制限、買占の禁止などの高札も同時に出された。

原文を示した九か条は、日本じゅうの庶民が守るべき心得として出されたもので、以後、この教えを指針として寺子屋教育が行なわれるようになった。

なお、本文については、「御触書」はすべて便宜上「お触れ」と記し、原則として現代語訳、必要に応じて意訳し、原文中の語句を残した部分はカギカッコを付した。また現代では適切でないと思われる表現があるが、史料性を考慮して残した部分もある。

目次

第二章　珍事件・凶悪事件

――治安管理にお上は大わらわ

第三章　災害救助

――緊急事態！　御触書が問う、時の幕府の真価

第四章　温情か、非情か

——御触書に見る「庶民思い」と「庶民泣かせ」

第五章　旅の掟《おきて》
——まるで海外旅行！　御触書が語る七面倒な旅事情

《番外編》庶民にはわからない武士の世界
――『武家諸法度』だけでない、御触書に見る武士の掟

第一章　自由と不自由

――カタブツ幕府が躍起になった庶民の風俗・生活統制

火事場の野次馬は斬り捨ててもよい

若承引於無之は、可搦捕之、万一及異議ば、可為討捨事
【明暦三年】

江戸時代にかぎらず、火事が起きたときに多いのが火事場見物だ。

火事場見物については、幕府は江戸初期から、お触れで注意をうながしている。

たとえば元和《げんな》二年（一六一六）九月二十九日のお触れでは——。

「町中で火事が起きたときには『下々』の者でも駆け集まってはならない。ただし武家の『親子兄弟親類者』はこれを許す。そのほかは知り合いであってもダメ」

寛永九年（一六三二）二月十六日のお触れは武家に対してのものだが——。

「火事の現場へ、『親子、兄弟、聟《むこ》、舅《しゅうと》こじうと』ならびに『家中之者』のほか駆け集まってはならない」だけでなく、「火事が鎮まっても、その日、その夜のうちに見舞いに行くことはもちろん、使いを出してもならない」とする。

明暦の大火（144頁）直後の明暦三年（一六五七）二月二十六日のお触れでは——。

「火事現場に『下々』の者が出てきても通してはならない。従わない者は召《め》し捕《と》らえ、それでも捕らえがたいときは斬り捨ててもかまわない」

かなり厳しくなり、正徳二年（一七一二）十二月のお触れでも、再三注意している。

「火事が起きると見物しようとして町人たちが駆け集まってたいへんなことになる。火事が起きても、立ち寄らず、まっすぐ家に帰りなさい。もし火事場見物に出る者がいたら『町番人』が向かって厳しく追い払い、それでも徘徊する者がいたら召し捕らえて牢に入れなさい。このところ火事が頻繁に起きているので、昼夜なく、名主・家主・五人組など協力しあって、町中の裏々まで見てまわり、火事が起きないように注意しなさい」

火事は見物するものではないし、見物人が集まると消火活動の邪魔にもなる。だいいち危険だ。もちろん火事場泥棒を寄せつけないためにも、火事場見物を禁止したわけだ。

だが再三注意しているということは、火事が起きれば野次馬が集まったわけで、これは現代でも同じこと。野次馬のいない火事は皆無と言っていい。

文中の「町中の裏々まで見てまわり」は「火の用心、カチカチ」を想起させる。

火事場見物は、いまでも多い。放火による火事の場合は、火事場見物のなかに犯人がいることも多い。「召し捕らえて牢に入れ」る、「斬り捨て」る、という意識のなかには、火事場見物を防ぐだけでなく、放火犯人を捕らえる、場合によっては斬り捨てる目的もあったのだろう。

だが注意しなければならないのは火事場のどさくさで起こる、ほかの犯罪だ。火事場で人を殺して焼死に見せかけるなど悪質なことも大いにありうるわけだから。

奉公人の刀の所持は主人に罰金

一、下鬚をき候ものの事、
一、太刀さし候ものの事、
相背輩於有之は、其身は籠舎、主人は為過料
銀子弐枚づつ可出之、【元和九年】

ご存じのように、江戸時代は「士農工商」の身分社会だった。腰に刀を差していいのは、もちろん武士だけ。庶民は刀を持ってはいけなかった。

幕府が開かれて二十年が経った元和九年（一六二三）四月二十六日、ちゃんとお触れも出されている。

「一、太刀さし候ものの事。一、長わきざし指候ものの事。一、朱ざやさし候ものの事。一、大つば大角鍔《つば》さし候ものの事」

庶民に対して、これらを持つことが禁止され、もし所持した場合には入牢の処罰規定があった。さらに罪を犯した者の主人は「銀子《ぎんす》二枚」の罰金が科せられた。

この「銀子」というのは「丁銀《ちょうぎん》」のこと。丁銀は海鼠《なまこ》形をした四十三匁《もんめ》（約一六一グラム）ぐらいの銀貨。どちらかというと形は海鼠餅に近い。この時代だから「慶長丁銀」だろう。純度銀八〇％と良いものだった。

このお触れの時代の少しあと、元禄年間（一六八八〜一七〇四）の相場は「金一両＝銀六

十匁＝銭四千文」とされているので、四十三匁の丁銀一枚は「金一両＝十万円」としておよそ七万円。「銀子二枚」は十四万円ということになる。

また、このとき――。

「一、大ひたいの事。一、大なでつけ、大すりさげの事。一、下鬚《ひげ》をき候ものの事」と、顔立ちについての罰則規定も出されている。

はじめの二項目の罰金は帯刀と同じだが、下鬚、つまり顎《あご》ひげを伸ばした者は主人の監督不行届だとして、一・五倍の「銀子三枚」の罰金が科せられた。

およそ二十一万円の罰金だったのだ。奉公人が顎ひげを伸ばしただけで、主人は二十一万円の罰金！　仮に「銭一文＝十円」を基準にしても九万円近い罰金を科せられたことになる。

主人としては、奉公人の首根っこをつかまえてでも顎ひげを剃《そ》らせたにちがいない。

さすがに幕府の目が光っているので、鬚云々は守られただろうし、庶民が刀を腰に差して歩くこともなくなったはずだが、では庶民が刀を持たなくなったかといえば、それはありえない。江戸のヤクザたちが「太刀・長脇差・朱鞘・大鍔」を持たなかったはずがないからだ。

いまも、いくら取り締まっても「銃刀法違反」がなくならないのと同じだ。

男色　男が男に狂うな

衆道之儀ニ付、むたい成事を申掛、若衆くるい仕間敷事

【慶安元年】

江戸の男の遊興といえば吉原遊び。しかし女性をカネで買う男たちもいれば、男をカネで買う男たちもいた。江戸時代までは多かった男色だ。

この風俗を取り締まるお触れは慶安元年（一六四八）五月には出されていた。『衆道之儀《しゅどう》』につき、むたいに男色をもちかけ、『若衆狂い《わかしゅ》』してはならない」

「若衆」とは、元服前の前髪のある少年のこと。狭義では、また男色関係にある少年を指している。なかでも「若衆歌舞伎」で、まだ舞台に立たない少年の役者を「陰間《かげま》」といい、彼らが男色を売ることが多かったため、「若衆狂い」＝「少年と男色に耽《ふけ》る」ことを意味するようになった。

男色の歴史に若衆歌舞伎あり、なのだ。

さらに承応《じょうおう》元年（一六五二）六月にも――。

「町中にて歌舞伎に子供ような男の子を抱え置き、金銀をとって『公界《くがい》』させないこと」

この場合の「公界」とは「苦界」と同意。遊女のつらい境遇の意味。つまり少年たちに遊女のようなマネをさせてはならないということだ。

こういった経緯から、江戸時代では「男娼＝陰間」となり、男版「新吉原」まであった。芝居小屋が並び立つ日本橋橋町、葺屋《ふきや》町近くの、俗に言う「芳町《よしちょう》」。「葭町」とも書く。明和元年（一七六四）当時で、陰間を抱える店は十二軒、陰間の数は五十五人、陰間茶屋は二十四軒あった。

陰間茶屋に行って、店から陰間を呼ぶ上得意は、なかには武士や町人もいたが、たいていは僧侶たちだった。「女犯《にょぼん》」を禁じられていたからだ。しかも芳町では、新吉原で太夫を指名するよりも高額だったというから、懐《ふところ》具合が良くないと通えなかった。

彼ら陰間のなかには「両刀使い」もいて、この芳町には、大店の後家や御殿女中なども、こっそり通ってきていたらしい。ホストクラブに通うようなものだろう。

もちろん陰間がいるのは芳町だけでなく、芝の神明《しんめい》、麹町の天神、湯島などにも陰間茶屋があった。こちらは男版「岡場所」（幕府公認外の私娼地）のようなものだ。

また陰間は「上方下り」が喜ばれたので、たとえ上方の生まれでなくとも方言をきちんと教え込み、客の前では上方語を話さなければならなかったという。江戸言葉のように、きりりとした言葉遣いでは「女らしく」なかったのかもしれない。

男色に関するお触れも、当然のように守られたとは思えない。現代からは想像できないほど、江戸時代は男色を好む男が多かったからだ。

一寺住職の身ながら。新吉原へ燈籠見物として行かよひ。そが上遊女買上。【寛政八年】

エロ坊主に気をつけろ

陰間茶屋で陰間を買う上得意が僧侶であることは前に書いたとおりだが、「女犯《にょほん》」を禁じられていた僧侶たちのなかにも、もちろん「女好き」はいた。

十一代将軍徳川家斉の治世の寛政八年（一七九六）八月二十四日付の幕府の公式記録『続徳川実紀』に、こんな記事が載っている。

「お触れ」ではないが、「破戒僧」の存在は江戸の風俗を語るうえで欠かせないので、とくに取り上げておく。

「僧侶のなかに、遠島、または三日晒しのうえ『触頭《ふれがしら》』に引き渡される者が若干いた。この者はつねづね女性を囲っていたものだ。寺の住職の身でありながら新吉原に燈籠見物と装って出かけ、遊女を買い上げ、そのほかの遊女屋でも酒を相手をさせていたため処罰されたのだ」

文中の「触頭」とは、寺社奉行から出されるお触れなどを司った寺院のこと。町奉行配下の町役人のような存在といっていい。

新吉原などに通っていたから目立ったわけで、「陰間茶屋」で男色に耽っていれば処罰されることもなかったはず。

もっとも「男じゃイヤ。女がいい」だったのだろう。

僧侶の「女犯」でいちばん有名なのは、谷中《やなか》延命院の日道《にちどう》という男。

日道はイケメンの住職だった。この延命院に七面天女像という者があり、三代将軍徳川家光の側室お楽《らく》の方の安産を祈った結果、家綱（のち四代将軍）が生まれて効験《こうげん》あらたかと評判になったのをいいことに、参詣してくる女性たちと密会を重ねていたのだ。妊娠したら堕胎まで行なっていたという。これら女性たちのなかに大奥女中が五十九人もいたことが発覚。一大スキャンダルとなり、死罪となった。享和三年（一八〇三）に起きた事件だ。死罪になったとき、日道は四十歳の男盛りだった。

だが、この延命院事件は、『続徳川実紀』には出てこない。幕府としても、よっぽど恥じ入る事件だったというわけか。

おそらく、似たような事件はほかでも起きていたにちがいない。日道の場合は「客層」が特異だったから大問題になったのだ。

いわば個人営業のホストクラブというか、女性版ソープランドというか……。それを経営していたのが僧侶だったのが大問題。逆にいえば、それだけ女性にもてたともいえるわけで、どれほどのイケメンだったのか見てみたい。

御供之者に、見物之者慮外成儀、又口論仕間敷候、又間をきらさず、能通り可申事、取分御城内之内は、万事念を入、【慶安二年】

公方様もご見物、山王祭はつつがなきよう……

「天下祭」という言葉がある。この言葉を祭りで使っていいのは、神田明神（神田神社。現在の千代田区外神田）と山王《さんのう》権現（日枝《ひえ》神社。現在の千代田区永田町）だけだった。幕府の命令で盛大に祭りが催されたのだ。

だからこそ、幕府の取り締まりも厳しかった。慶安二年（一六四九）六月一日には、山王権現の祭礼について、こんなお触れが出されている。

「一、今月六月十五日の『山王御祭礼』について、御輿《みこし》の供をする者は井伊掃部頭《かもんのかみ》直孝の屋敷の前まで来て、巡行すべき道については別当・神主の指示にしたがい、作法を乱さずに通ること。

一、御輿を通すときには、お供の者は、見物人から乱暴されようとも口論をふっかけられようとも相手にせず、行列の間を切らさないようにすること。とりわけ（将軍が）見物しているときは、とくに心して作法を良くすること。

一、御輿を通すときに、見物人が喧嘩したり口論したりしないように、名主や月行事（五人組の月当番）が付き添って見張ること。

一、御輿を通すときに、無頼の徒を出してはならない。
一、御輿が御旅所《おたびしょ》（御輿が仮にとどまるところ）にあるときは、口論にしないように『下々之者』まで申しつけておくこと。
一、御輿が通る道筋では二階より上から見物しないこと。
一、警固に出る者は、見苦しき者、用のない者を出さないこと。
一、町中では火の用心をし、油断をしないように」

「天下祭」だから、幕府のメンツがかかっている、というのはもちろんだろうが、「将軍が（江戸城から）見るから」、これだけのことを守りなさい、ということだろう。このお触れが出されたのは慶安二年（一六四九）。明暦の大火（１４４頁）で江戸城本丸が焼失する以前の話。江戸城本丸焼失以後は、将軍は城から祭りを見物することができなくなったのだ。

お触れで「こういうことをしてはいけない」というものは、「こういうことがあった」証左でもある。見物人はうるさいし、危ない者も出てくるし、二階から見物する者もたくさんいたということだ。

だが祭りになると、江戸っ子でなくともテンションが上がる。お触れがどこまで守られたか、わかったものではない。「祭りのときくらい野暮なことは言うな！」というのが庶民の感覚というものだ。

風紀を乱す「かぶき者」は追捕する

来る二月二日より、かぶき者を追捕せしむ
【承応元年】

江戸時代の芸能の中心にあったのは歌舞伎だ。とはいえ「歌舞伎」という言葉そのものには、江戸時代では大きく三つの意味があった。

ひとつは、異様な風俗をした「歌舞伎者」という意味。

ひとつは、歌舞伎踊のこと。女歌舞伎や若衆《わかしゅ》歌舞伎の踊り。

ひとつは、歌舞伎芝居、歌舞伎劇のこと。現代でも通用する「歌舞伎」だ。

初期の承応元年（一六五二）一月二十日のお触れでは——。

「来る二月二日より、かぶき者を追捕する。また、かぶき者を匿《かくま》い置いてはいけない」

幕府の公式記録『徳川実紀』でも、わざわざ「かぶき者というのは、中小姓以下の者で天鵞絨《ビロード》の襟のある衣を着て、大撫《な》で付け、立髪、大鬢で、太刀や大脇差で遊行する者のこと」と説明を加えている。

また寛永六年（一六二九）十月二十三日には「女舞」「遊女歌舞伎」「女浄瑠璃」などを風俗を乱すものとして禁止したのにつづき、承応元年六月には「若衆歌舞伎」を禁止とした。

「若衆歌舞伎」というのは、「女歌舞伎」禁止のあとをうけて、前髪のある元服前の少年が演じた歌舞伎のこと。

つまり「女歌舞伎」「若衆歌舞伎」が禁止され、現代までつづく「歌舞伎芝居」へと発展していったのだ。そのかげにはやはり、「女」であるから売春に発展すること、また前述したように芝居舞台に上がらない少年俳優を「陰間」といい、彼らのなかに男色を売っている者がいて「若衆買い」などの言葉が生まれたため、幕府が目をつけたのだ。

「女歌舞伎」「若衆歌舞伎」以外にも、芸能事《ごと》というだけで、幕府の弾圧を受けることが多かった。

元禄七年（一六九四）七月二十七日には——。

「劇場の俳優、あるいは『遊浪』の少年、あるいは俳優でなくとも前髪のある者、『舞妓』などは婦女のもとへ出入りしてはならない」

翌年八月にも同様の禁止令が出されている。

芸能事＝風俗を乱す、だったのだ。ほかにも、狂言、猿楽なども弾圧の対象となり、「芝居」が公然と認められるのには、しばらく時間がかかったようだ。

いまは、芸能事が弾圧を受けることはない。比較してよりわかりやすいのは「風営法」（「風俗営業等の規制及び業務の適正化等に関する法律」）かもしれない。江戸時代の幕府は、芸能事を現在の風俗営業くらいに見ていた。

初物は、買うのも売るのも厳罰

「初物《はつもの》を食うと七十五日長生きする」という言葉からもわかるように、江戸っ子たちは「初物」を珍重した。

ことに初鰹《はつがつお》は「女房・娘を質に置いても」と言うほど喜ばれた。

だが、もちろん初物は品薄であるがゆえに値が高い。幕府としては物価対策の必要もあって、この「初物」を規制しなければならなかった。

はじめて出された寛文《かんぶん》五年（一六六五）一月二十九日のお触れを見ると——。

「『厨膳に調する魚鳥蔬菜の候と定められる』。

一、鱒《ます》・生椎茸は正月より四月まで。

一、土筆《つくし》・防風《ぼうふう》は二月より。

一、相黒蕨《わらび》・蓼《たで》・生姜は三月より。

一、鮎・鰹・根芋・筍《たけのこ》・茄子《なす》・枇杷《びわ》は四月より。

一、楊梅《やまもも》・白瓜は五月より。

一、真桑瓜・大角豆《ささげ》は六月より。

一、ほど・鴫《しぎ》・林檎《りんご》は七月。
一、鶴・鮭・海参《いりこ》・柿・芽独活《めうど》・松茸・葡萄《ぶどう》・梨は八月より十一月まで。
一、鴨・雉《きじ》・鶫《つぐみ》・蜜柑《みかん》・九年母《くねんぼ》は九月より。
一、鮟鱇《あんこう》・鱈《たら》・馬刀貝《まてがい》は十一月より。
一、白魚は十二月より。
ただし塩漬けにしたものは別とする」

これらが、江戸っ子が好んだ「初物」というわけだ。

同様のお触れが、このあと、寛文十二年（一六七二）、貞享《じょうきょう》三年（一六八六）、元禄六年（一六九三）、寛保《かんぽう》二年（一七四二）などにも出されている。

これらのお触れは、たびたび出されていることからわかるとおり、ほとんど守られなかった。それどころか、「この時季より早く味わえば『初物』ってことになるじゃねえか」と、初物を楽しむ目安にされていた。庶民にとっては、ささいな楽しみまで奪われちゃたまらない、というわけだ。

いまでも、たとえば魚であれば漁の解禁日、渓流釣りの解禁日などが決められていたりするから、似たようなものかもしれない。「初物」の時期よりも「旬」の時期のほうが安くて美味《うま》いものなのだが。

吉原でも倹約第一！　簡素にせよ

新吉原屋作振舞、惣而音信江戸町中之式に任せ、承合、其の分限に従、成程軽く可仕事
【寛文八年】

江戸には、幕府公認の遊郭が一か所だけあった。

「吉原」ないし「新吉原」だ。

はじめ吉原は日本橋葺屋町にあった。江戸に点在していた遊女屋を一か所に集めたもの。惣名主の庄司甚右衛門が、もともと東海道の吉原宿の宿屋の主人だったことから「吉原」と呼ばれていた。江戸の町を築くにあたって、全国から集まってきた労働者たちのために設置されたのが、そもそものはじまりだった。

だが明暦の大火（144頁）から半年近く経った明暦三年（一六五七）六月に、大火で全焼した日本橋葺屋町から浅草日本堤に場所を移し、以後、「新」がついて新吉原となった。結果的には明暦の大火がきっかけとなったが、じつは大火の前年には、幕府から移転案が出されていた。もうひとつの候補は本所だった。

新吉原になって十一年後、四代将軍徳川家綱の治世の寛文八年（一六六八）十二月、幕府はお触れを出して、取り締まった。

「一、新吉原に建てる家は、江戸の町中にあわせて、できるだけ簡素にしなさい。

一、新吉原においては、絹・紬《つむぎ》・木綿を着用のこと。遊女の衣類はどんな生地にせよ紺屋で色を染めること。

一、新吉原に駕籠《かご》や馬で通うものがあれば断ること。もし断っても、駕籠や馬で来る者があれば、すぐに奉行所に届けること」

第一条にせよ、第二条にせよ、外っ面だけ守ったかもしれないが、どこまで忠実に守られたか、わかったものではない。

第三条は——新吉原へは、徒歩で通える人を除けば、猪牙船《ちょきぶね》で山谷《さんや》堀まで行き、そこから歩くのが常。こっそり行くところだ。にもかかわらず堂々と馬で乗りつけるようなことはするな、ということだ。そんな輩《やから》は、はっきり言って「粋《いき》」ではない。江戸っ子は「粋」が信条だ。

江戸時代の半ばまでは、客は揚屋《あげや》に入って最上位の遊女「太夫《たゆう》」を指名。揚屋に来た太夫は挨拶して帰るだけ。これが初会。二会目は「裏を返す」といい、太夫と話ができた。三会目でようやく「馴染み」になれて、太夫と寝ることができた。だが形式が面倒で、カネもかかるために、だんだんすたれ、引手《ひきて》茶屋が仲介することで、より手軽に遊べるようになっていった。太夫は容姿も美しく、芸事、教養も身につけていた。享保《きょうほう》年間（一七一六〜一七三六）以降は「花魁《おいらん》」と呼ばれるようになる。

大酒仕儀、停止に候得共、弥以酒給候儀、人々相慎可申事

【元禄九年】

大酒を飲むな

酒に関する禁止事項といえば、現代では未成年の飲酒禁止、飲酒運転といったところ。江戸時代はもっとゆるかったかといえば、その逆だった。

「生類憐みの令」が出されていた真っ最中の元禄九年（一六九六）八月十七日、「節酒令」なるものが出された。

「一、酒に『沈酔』して、心ならずも『非』なふるまいをする者があると聞く。かねてより大酒を飲むことを禁止しているにもかかわらず、いよいよ飲酒については各自慎まなければならない。

一、たとえ来客があったとしても、酒を出さなければならないわけではない。酒に酩酊する客が出るようならば酒を飲ませたほうにも過失がある。

一、酒を売る者は、だんだんに売る量を減らさなければならない。

右のことは、きっと守り、もし違犯する者がいたら処罰する」

江戸庶民にしてみれば、「酒を飲むなってぇ言うのか！」「客が来ても酒を出しちゃいけねえのか！」と反論したくもなるお触れだ。酒屋にすれば商売あがったり、となる。

大酒を飲むなどというのは、江戸でたびたび開催されていた「酒合戦」のようなことをさせないという目的もあったのだろう。

だが庶民に対してだけでなく、幕府の「身内」への取り締まりは、さらに厳しかった。四年前の元禄五年五月十一日、幕府は江戸城に勤務する者たちへ、こんなお触れを出している。

「一、外桜田　一、馬場先　一、和田倉　一、清水門　一、竹橋　一、雉子橋《きじ》　一、一橋　一、神田橋　一、常盤橋　一、呉服橋　一、鍛冶橋　一、数寄屋橋《すきや》　一、日比谷　暮六ツ時（午後六時ごろ）より『酒酔』と見える者は、いっさい右の門内に入ってはいけない。もし門内の屋敷の家来であるならば、その屋敷の門番まで送り届ける」

元禄二年四月に江戸城内の台所で酒を飲んだうえで刃傷沙汰が起きたのがきっかけで、「御台所」で酒を出さない、宿直《とのい》する者に弁当といっしょに酒を持ち込ませないなどが命じられた。これは、ときの五代将軍徳川綱吉自身酒を嫌い、老中のなかにも酒を飲まない者がいたことが大きく影響していた。その結果、江戸庶民に「節酒令」が出されることになったのだ。

アメリカの一九二〇〜一九三三年の「禁酒法」ほどでないにせよ、もし、こんな法令が出されたら、大騒ぎになるだろう。

当世異事ある時。謡曲。小歌につくり。はた梓にのぼせ売ひさぐ事弥停禁すべし。【元禄十六年】

赤穂浪士を芝居や歌のネタにするな

元禄十六年（一七〇三）二月、こんなお触れが出された。

「『当世異事ある時』なので、謡曲・小歌（唄）につくり、または出版物として売ることを禁止する。堺町・木挽町《こびきちょう》の芝居小屋でも『近き異事』をモデルにして上演することを禁ずる」

文中の「当世異事」「近き異事」というのは、なにか。

すでに気づいている人もいるだろう。元禄十四年三月十四日、江戸城松之廊下において赤穂藩主浅野内匠頭長矩《たくみのかみながのり》が高家《こうけ》筆頭吉良上野介義央《きらこうずけのすけよしなか》に斬りつけて切腹、御家断絶となったことに端を発する、あの事件。翌十五年十二月十四日（実際は十五日未明）に、赤穂浪士四十七名が吉良邸に討ち入り、十六年二月四日、浪士四十六名が切腹となった「元禄赤穂事件」だ。「故主君の仇を討」ったもので、庶民が喜ばないはずがない。

「謡曲」「小歌（唄）」に読み込まれたり、おもしろおかしく出版物が刊行されたら、そこに「なぜ切腹させたのか」「喧嘩両成敗ではないのか」と、どれだけ幕府批判が書かれるかわからない。「仇討ち」が流行《はや》るのも好ましくない。まして芝居にでもされたら……と幕府も戦々恐々だったのだ。

事件のあと、芝居のなかで「仇討ち」などをテーマにされたこともあったが、実際に「上演」され、大当たりしたのが、事件から四十五年経った寛延元年（一七四八）八月に大坂竹本座で初演された人形浄瑠璃『仮名手本《かなでほん》忠臣蔵』だった。前の年、京都の中村粂太郎《なかむらくめたろう》座で上演された『大矢数《おおやかず》四十七本』に刺激されて作られたものだ。

台本を書いたのは竹田出雲（二世）、三好松洛、並木宗輔（千柳）。江戸から南北朝に舞台を変え、登場人物の名前も、大石内蔵助《くらのすけ》を大星由良助にするなど、幕府の弾圧を避けるため、また幕府への「言い訳」ができるようにしていた。

この『仮名手本忠臣蔵』は、のち歌舞伎、狂言など多くの舞台の見本となり「忠臣蔵モノ」の最高峰に位置するようになる。もちろん、一般によく使われる「忠臣蔵」という言葉も『仮名手本忠臣蔵』からきている。「蔵」は大石内蔵助の蔵、「仮名」とついているのは討ち入った四十七士の数と同じだからだ。

冒頭のお触れは明らかに言論弾圧だ。現代なら、「日本国憲法」第二十一条「集会・結社・表現の自由、通信の秘密」に触れる。おそらく新聞・週刊誌のたぐいは検閲され、販売を禁止させられるだろう。しかし、そんな法の保護下になくとも江戸時代の人たちは、「はいそうですか」と黙ってはいなかったというわけだ。

朝鮮通信使の接待の仕方、見物のマナー

異国之者、風俗不案内によって、無礼之儀ありとも、あながちに咎るにたらず

【正徳元年】

朝鮮との国交は室町時代からつづいていたが、豊臣秀吉が朝鮮半島に攻め入った文禄・慶長の役によって断絶していた。復交したのは寛永十三年（一六三六）のこと。復交以後、文化八年（一八一一）までに九回、「朝鮮通信使」が日本にやってきた。それに国交回復以前の「回答兼刷還使《かいとうけんさつかんし》」を加えると十二回、日本にやってきていた。

その朝鮮からの使者が江戸に到着するまでの道中、道筋の庶民たちへの注意書を記したお触れというのがある。正徳元年（一七一一）五月のものを見てみよう。

「一、朝鮮通信使一行が通過するときは、道・駅・橋・渡しにおいて、人夫であろうと船であろうと馬であろうと通行に支障がないようにすること。陸地、海・川のあいだ、乗馬・荷馬、乗船・荷船、送迎の役夫、往来の旅人など、停滞して混乱のないように。

一、昼夜利用する旅館においては、一行が用いる諸道具、米穀・魚・野菜など、不足ないように支度し、料理や飲み物などは、まずいものを使わないこと。

一、旅館はもちろん、路地であっても、火事・地震などの『不慮之変事』に備えること。城下町の宿はもちろん、天領・大名領そのほかの民家、寺社であろうと火の用心をし、けっし

て油断しないこと。
一、昼夜利用する旅館、路地、あるいは『御馳走衆、御賄方』、対馬守《つしまのかみ》の家来、諸大名役馬の従者などは、集まる以上は、おたがいに行動を慎み、下々の者にいたるまで喧嘩などせず、無礼なことのないように。
一、一行は日本の風俗がわかっていないのだから、無礼と思えるようなことがあっても咎《とが》めず、無視できないようなことは対馬守付きの役人に報告して指示を仰ぐこと。
一、一行が、個人的に売買を持ちかけてきても、いっさい取り合わないこと。後日露見しても、商品の多少、値段にかかわらず厳罰に処す。
一、一行が見物するときには、男女も僧侶・尼もその場にいないこと。簾《すだれ》、幕、屛風などで座を隔《へだ》てること。また食い物などを散らかしたり、酔って騒いだり大声をあげたりしないこと。もし一般の旅人が見るといっても道脇へ寄らせ、一行の見物の邪魔にならないようにすること」
　このお触れは、朝鮮通信使がはじめて来るときに出されたものではない。ということは、過去の失敗をふまえてのものなのだ。

　いま、アメリカ合衆国大統領などが来日する前に、官房長官が記者会見で注意を呼びかけるようなものだ。

両下馬にて致煮売候段相聞、不届に候、

【正徳二年】

江戸城付近での出店を禁ず

昼休みどきになると、有楽町の東京国際フォーラムあたりで屋台の店を見かけることがある。カレー屋だったり、シシカバブ屋だったり……。まあ、東京にかぎらず、官庁街であろうとオフィス街であろうと、サラリーマンやＯＬたちにとっては、社員食堂のように便利な存在だ。

江戸時代にも、そんな店はあったのか。

六代将軍徳川家宣が他界し、七代家継が将軍位に就くまでの空白期にあたる正徳二年（一七一二）十二月、こんなお触れが出された。

「大手、桜田の両下馬《げば》へ、出仕日にあわせて『酒煮売』などを持ち出して、『供廻《ともまわり》』の者たちに売るなどもってのほかである。先日、召し捕らえたというのに、まだ売っていると聞いている。これからは、つねに見張りを立てるので、両下馬で『酒煮売』をはじめ、ものを売るような行為をしてはならない。もし違犯したら、召し捕らえ、家主・名主にも迷惑がかかることになる」

つまり霞ヶ関界隈の官庁街の駐車場で、お抱えの運転手や、黒塗りのハイヤーの運転手相手に、アルコールやおつまみを売ってはならない、というようなこと。もっとも運転手にアルコールを飲ませることは法律違反だから、運転手たちに昼食のデリバリーしてはならない、といったところか。蕎麦の出前もダメだし、ピザもダメ、ハンバーガーも、弁当屋もダメ。屋台のラーメンやおでんもダメということだ。

おそらく幕府の逆鱗《げきりん》に触れたのは「酒」だろう。

旗本や御家人の供廻りの者たちが、登城した主人が仕事から戻ってくるあいだに「酒を飲んで酔っぱらうとは何事か！」というわけだ。自分が仕事を終えて出てきたら、「供廻」の者たちが酒臭い息をさせていたら、そりゃムカつく。

おそらく、このお触れを考えた幕府の「お偉いさん」――老中や若年寄――も、その主人のひとりなわけだから、当然といえば当然かもしれない。

「じゃあ、せめてアルコール抜きならいいんじゃない？」と言いたくなるが、「食い物を許したら、次は酒を飲ませろ、となし崩しになるじゃないか！」。だから「ダメなものはダメ！」なわけだろう。

江戸城に出仕する旗本・御家人、そしてその供廻りがしっかりしなければ庶民はついてこない、と立派な志のもとでのお触れだったのだ、と思っておこう。

いっそ、江戸城に「社員食堂」があったらよかったのに、と思う。

芝居小屋は簡素に、豪華な衣装も禁ず

ちかごろ堺町、木挽町の劇場。二階。三階すべて屋根をかまへ。衣装美麗を尽し。

【正徳四年】

江戸っ子は芝居が好きで、「芝居」という言葉は、歌舞伎・狂言だけでなく、芝居小屋そのものも指した。「しばい」だけでなく「しばや」とも読んだ。

幕府は、「山村座」「中村座」「市村座」「森田座」を江戸四座として官許していたが、正徳四年（一七一四）に、ある事件が起き、「山村座」は廃絶。江戸三座となった。

その事件とは、絵島《えじま》（江島）生島《いくしま》事件だ。

七代将軍徳川家継の生母《せいぼ》月光院に仕えていた絵島らが、寛永寺・増上寺への代参の帰りに木挽町の山村座に立ち寄って、桟敷《さじき》や座元の居宅で遊興して帰城したことが発覚した事件。絵島は高遠に配流《はいる》、絵島の関係者も死罪・遠島などとなり、座元の山村長太夫、役者の生島新五郎らも遠島となり、山村座は廃絶となった。

その処分から十一日後の正徳四年（一七一四）三月十六日、「寺社の境内で『猿楽・説教・雑劇・偶人戯《ぐうじんあそび》』などをすることは元禄年間（一六八八〜一七〇四）に禁止し、芝居小屋も簡素にし、衣服は木綿にかぎるとしていたにもかかわらず、ちかごろは『二階桟敷』をかまえ、衣服も美麗になっている。あらためて、いっさい禁止する」としたうえで、十九日

には、寺社奉行に対して「寺社境内の芝居」について、町奉行に対して「堺町・木挽町の劇場」に対して、同様の注意を与えた。

さらに同月、よりくわしいお触れを出した。

「劇場の桟敷が、最近は二階三階を造っている。一階以外は造ってはいけない。桟敷より間道を開き、楽屋や座元の居宅を造ること、茶屋などで宴を開くこと、遊興をすることも禁止する。俳優らは桟敷や茶店などに招かれても行ってはいけない。もちろん自宅に客を招いてもいけない。桟敷を簾、幕、屏風で隠してもいけない。劇場の屋根は雨をしのぐため立派になっているが、もっと簡素にすべきだ。俳優の衣服も美麗になっている。これからは絹・紬・木綿だけを使うこと。演劇は日没には終えて、明かりを灯してはいけない。劇場近くの茶店も簡素にし、座敷のようなものを造らないこと。すでにあるものは奉行所の検査を受けること。もし背いたら、名主たちも処罰の対象となる」

絵島生島事件のような事件を二度と起こさせないためのお触れであることがよくわかる。逆に、絵島生島事件で、座敷でどんなことがなされていたかも想像させるような内容だ。

現代には「大奥」は存在しないから、さしずめ女性国会議員が公務の最中に歌舞伎座に入り浸る、宝塚で出待ちをする、イケメン歌手の追っかけをする、楽屋に押しかける、といった感じだろうか。

「隠し売女」を禁ず

猥に成、所々に遊女抱へ置、商売いたし、或は茶屋と申合、遊女を差遣し、【享保五年】

「遊女」という言葉は一般名詞のようだが、幕府にとっては、新吉原の遊郭に抱えられている女性たちのことを指していた。だから新吉原の遊女以外を「隠売女《かくしばいじょ(ばいた)》」などと呼び、江戸時代を通じて取り締まりの対象になっていた。

たとえば、享保五年（一七二〇）三月のお触れには——。

「一、町中に『隠し遊女』を置くことは前々より禁止しているにもかかわらず、みだりになり、ところどころに遊女を抱え置いて商売し、あるいは茶屋と契約して遊女を差し遣わせて商売している者があると訊く。不届きである。これからは町奉行所の者だけでなく、新吉原の町役人たちにも巡回させ、召し捕らえる。遊女と『持主』はもちろん、家主たちも処罰する。もし遊女を抱えている者たち、茶屋のなかで訴え出る者がいたら、その罪を許すこととする。

一、新吉原以外での遊女の身元保証人、遊女を斡旋している者も同罪とする」

このお触れでは「新吉原以外」の具体例は「茶屋」しか挙げていないが、江戸時代のお触れを見てみると——慶安元年（一六四八）の「風呂屋の遊女」、同年九月の「下谷新町のばいた」、元文《げんぶん》五年（一七四〇）閏《うるう》七月の「ひそかに売女する女踊子」「寺社門前隠し売女」「諸駅の飯盛《めしもり》の売女」、文政七年（一八二四）六月の「料理茶屋・茶見世《みせ》などに抱え置かれた売女同様の稼ぎをする娘・女」、「女芸者」「土弓場・水茶屋の娘・女」、天保四年（一八三三）十二月の「船宿」、同十三年三月十八日の「酌取女《しやくとり》・茶汲女《ちやくみ》」、弘化元年（一八四四）二月十五日の「品川・板橋・内藤新宿の食売女」——と枚挙にいとまがないほど。

これらを見ると、あらゆる「水商売」の現場で「売春」が行なわれていたことがわかる。新吉原以外では、プロの遊女だけでなく、「売春」もしくは「売春まがい」のことをする「水商売」の女性も、幕府は遊女と見なして、取り締まるというわけだ。

なかでも、江戸四宿と呼ばれる品川・新宿・板橋・千住に集まった、遊女がいる界隈を「岡場所」と言った。「ほか場所」の訛《なまり》ともいわれる。新吉原以外、という意味だ。

江戸は百万都市と言いながら、極端に女性が少なく二割だったともいわれている。だからこそ新吉原以外に岡場所が必要だというのが庶民の論理。一方「新吉原があるのに」というのが幕府の論理だ。もちろん、こんなお触れが守られるはずはない。

現在のように、東京じゅうのあちこちに風俗店があり、「風営法」（「風俗営業等の規制及び業務の適正化等に関する法律」）で取り締まっているが、一箇所に集めて、残りは禁止する幕府のやり方は潔《いさぎよ》いともいえる。それでも実態は同じなわけだが。

祭りの屋台を全面禁止

一、やたひ（家台）一切無用可仕候事
一、ねり物人数之儀、相応ニ減可申事
【享保六年】

江戸っ子でなくとも、日本人は祭りが好きだ。祭りそのものに参加しなくとも、縁日の屋台を覗いてまわるのは祭りの楽しみのひとつだろう。

だが、八代将軍徳川吉宗の「享保の改革」のさなかの享保六年（一七二一）四月、幕府は祭りについても厳しく取り締まっている。

「一、屋台をいっさい出してはならない。

一、山車《だし》などの練り物の人数は、一組合または一町かぎりで出す場合でも多くて三分の一、あるいは、その半分、それ以外も右に準じて減らすこと。

一、練り物にのみ用いる衣服、作り物については、あらかじめ貯蓄せずに臨み、在《あ》り合わせのものですますこと。

一、練り物など、すべてにおいて美麗を尽くしてはならない」

このお触れを読んだ江戸庶民は、どう思ったことだろう。

山車の装飾、法被《はっぴ》などをありあわせのもので、というのは節約のためにも理解できたかもしれないが、山車を引く人の数を減らさせ、というのは祭りに参加できない人が出てくる、祭りに参加するな、ということだ。

ましてて「屋台いっさい禁止」となると、祭りの楽しみも半減してしまう。縁日の屋台もない、例年の半分以下の山車を引く人の数……想像するだけでさみしくなってしまう。

幕府にしてみれば、細かく、たとえば金魚すくいはいいけど、怪しい見世物はダメなどと言っていると、「じゃあこれは？」となるので、「まぎらわしい」＝「面倒くさい」ので、ばっさり「いっさい禁止」にしたのだ。まさに、杓子定規、お役所仕事、だ。祭りのときでなくとも、神仏のご開帳などで、毎日のように江戸のどこかで縁日が立っているからいいじゃないか、と幕府は言いたいのだろうが、庶民にとって祭りは特別な「ハレ」の行事なのだ。

さらに宝暦《ほうれき》九年（一七五九）七月十八日のお触れでは、享保六年にお触れを出しても最近は「猥《みだり》に」なっているとして、再度、厳しく取り締まり、「やたいは勿論、やたいに紛敷体之《まぎらわしきていの》だし等一切無用」とし、山車などで「鼓笛太鼓」「三味線等之音曲」までもダメと取り締まっている。

さて、このお触れは守られたのか。いざ、祭りがはじまると、あちこちで町役人とのあいだで押し問答が繰り広げられる光景が目に浮かぶ。時の将軍、吉宗は倹約を旨としていたが、ほんと、祭りのときぐらい「倹約、倹約」はいいじゃないか、と思ってしまう。

好色本の類はいっさいを禁ず

好色本之類は、風俗之為仁もよろしからざる儀に候間、

【享保七年】

時代時代によって基準こそちがえ、「猥褻《わいせつ》」な出版物は取り締まりの対象になってきた。江戸時代も、キリスト教関連の「御禁制」本ほどではないが、やはり取り締まられている。「享保の改革」時の享保七年（一七二二）十二月十六日には――。

「これまでに出した出版物のうち、『好色本之類』は風俗のためにもよろしくないので、だんだん絶版にしていくこと」

「寛政の改革」時の寛政二年（一七九〇）五月には、まったく同じ内容で注意し、「天保《てんぽう》の改革」時の天保十三年（一八四二）六月十日には「『好色画本』など固く禁止する」旨が書かれている。

もっとも、この「天保の改革」時には、出版物はすべて許可制、つまり検閲されることになったわけだから、幕府としては「猥褻」と判断すれば許可しなければいいだけのことだった。

このような出版取り締まりのなかにあっても、版元《はんもと》は処罰覚悟で出版に踏み切ることがあった。

その典型が蔦屋重三郎《つたやじゆうざぶろう》だ。

寛政三年（一七九一）、蔦屋は山東京伝《さんとうきようでん》の洒落本《しやれ》『仕懸文庫《しかけぶんこ》』『錦之裏《にしきのうら》』『娼妓絹籭《しようぎきぬぶるい》』の三冊を出し、京伝は手鎖《てじよう》五十日、蔦屋は財産半分を没収された。

猥褻な内容とされた「好色本之類」、いわゆる春本のたぐいは、出版取り締まりがはじまる「享保の改革」以前は盛んに出版されていた。井原西鶴の『好色一代男』を代表とする「好色本」のたぐいだ。いまからすれば、べつに猥褻でもないだろうが、幕府は目くじらを立てた。

いま出版されている官能小説はもちろん、恋愛小説など、男女のことが書かれていれば、すべて「猥褻だ」ということになる。

文字だけでなく、「枕絵」など春画のたぐいも多かった。おもに浮世絵師の手によるもので、菱川師宣の『小むらさき』、鳥居清長の『色道十二番』、喜多川歌麿の『歌まくら』、葛飾北斎の『浪千鳥』などが有名。

だが、お触れにも抜け穴はあった。

「写本ならいいだろう」というので、かなりの写本が公然と出回っていた。すでに裏本の時代ではないから、俗に「ＡＶ」と呼ばれるアダルトＤＶＤの海賊版が大量に出回るようなものだ。

悪事を容易にする「人馬」なる芸を禁ず

近来人馬と名づけし戯を業とし。種々のさまをなし。　【元文五年】

「見世物」は、江戸の盛り場につきものだった。

「見世物にする」の語源になったもので、いろんなものを見せて、見物人から銭を取る商売だ。

○○細工など手先の細かい芸を見せる、水芸、独楽《こま》回しなどはまっとうなほうで、ゾウ、ロバ、ダチョウ、クジャクなどの珍しい鳥獣を見せる動物園まがいのものもあれば、猿芝居など動物を調教して芸を見せるもの、軽業《かるわざ》や曲芸といった、いまで言うサーカスのようなものまであった。女相撲、蛇遣いなど卑猥《ひわい》さを売り物にするものもあれば、身障者を見世物にするケースまであった。

江戸では、両国と浅草が見世物のメッカで、ほかにも広小路と名のつくところ、神社や寺の境内にも見世物小屋が軒《のき》を連ねていた。

これら見世物は、明治時代以降も浅草などに残った。浅草の遊園地「花やしき」も、明治時代に見世物から発達した動物園だった。

もちろん幕府も、これら見世物をチェックしていたが、なかでも、わざわざお触れとして出したものまである。

元文五年（一七四〇）閏七月に出されたものだ。

「ちかごろ『人馬』と名づけて『戯』をなりわいとし、『種々のさまをなし』、人を集めてやっている。それを見て学ぶ者が多く、なかには良からぬ者たちがその技を覚え、ついに『不良なる事』もできるようになるので、これからは『人馬』ならびに軽業などを禁止する」

この「人馬」というのは、どのようなものか。

人と馬が芸をするのではない。「馬乗りになる」という言葉があるとおり、人のうえに人が乗ること。具体的には、肩車をして走る、肩のうえに立って人がジャンプして高い障害を飛び越える、といった軽業だ。

なぜ禁止したのかは、想像に難くない。

「盗賊」たちに家の塀を飛び越える術《すべ》を教えているようなものだからだ。これこそ風俗を乱すことになる。

幕府の基準でいけば、いまのサーカスの興業、イリュージョンなどの奇術はすべて禁止されてしまうだろう。棒高跳び、ロッククライミングなども、城に忍び込めるではないか、と禁止されてしまうかもしれない。

変な格好をするな！

異風に取持候風俗之者多く、就中髪杯を異形に結成し、其の外異体之者有之候間、
【寛延三年】

江戸時代の中期から後期にかけて、「享保の改革」と「寛政の改革」のあいだ、田沼意次《おきつぐ》が実権を握る少し前、寛延三年（一七五〇）八月、幕府はお触れを出した。

「町人のあいだに『異風』な『風俗』の者が多く、とりわけ髪の毛を『異形』に結《ゆ》った『異体』の者もいる」としたうえで、「町医者のなかにも同じような者がいるし、駕籠かきも『異体』だ」と指摘。「菅笠《すげがさ》ではなく、青紙を張った日傘をさしている者、三枚重ねの草履《ぞうり》、塗り下駄を履いている『異体』の町人が多い」とも指摘し、「風俗」が「がさつ」にならないように注意している。もちろん対象は、主人も使用人も、商売人も職人も「日雇」の者たちも。原則「守れ」というだけで罰則はないが、青紙を張った日傘については奉行所からお咎めがあるという。

いちどの法令のなかで、「異風」「異形」「異体」と連発している。

このころはしきりに倹約令が出された時期。しかしいくら幕府が倹約令を出しても、庶民は守らない。なかでも服装は外見上のことだから、どうしても「お上」の目についてしまう。

「どんなファッションをしても勝手じゃねえか」というのが町人の論理ならば、「いいかげんにしろ」というのが幕府の論理。よほど幕府は目に余ったのだろう。どんな者たちが目に余ったかというと、舞台こそ幕末だが、ジョージ秋山『浮浪雲《はぐれぐも》』の主人公「雲」を想像してもらえばいい。「異風」「異形」「異体」と叫ぶ幕府は、頭が固く、町人たちのファッションが理解できなかったのだろう。

背広しか着ることのできない永田町の政治家、たとえば内閣官房長官が記者会見で「派手な色の服を着るな、髪の毛を染めるな、日傘は地味に、ブランドモノの靴を履くな」と言うようなもの。町医者はきちんとしてあたりまえ、駕籠かきの「異体」については、いまで言えば、「タクシーの運転手は制服、もしくは背広着用」と限定しているようなものではないか。

しかも、青紙を張った日傘を差していたら奉行所からお咎めがある、つまり警察署に呼び出される、警察官に不審尋問を受ける、というわけだから、たまったものではない。

それだけ江戸の町民たちは、いくら禁止しても派手な格好をしたというわけだ。

このお触れを出したところで、どれだけ効果があったのか……。表向きだけ従うにしても「バレなきゃいい」だったにちがいない。

江戸の庶民は、たくましかったんだな、と微笑ましくもなる。

入込之儀は一体風俗之ためにも宜からざる事に付、相止候間、

【寛政三年】

男女混浴すべからず

江戸庶民のたいていの家に風呂はなかった。だから銭湯に通うことになる。

その入浴料は、江戸中期で大人銭八文、子供銭六文、幼児銭四文といったところだった。「一文＝十円」とすると八十円だった。幕末になると物価が急騰、薪代《まき》が値上がりしたため、文久二年（一八六二）には大人が銭十二文となり、慶応元年（一八六五）には大人が銭十六文、慶応二年には銭二十四文になったという。

いくら値上がりしても安い感覚がある。本当に庶民のための存在だったわけだ。現在の銭湯料金は都道府県によって異なるが、およそ、十二歳以上の大人四百円、六歳以上十二歳未満の中人百五十円、六歳未満の小人七十円くらいだから、ずいぶん異なる。

一日の疲れを癒《いや》し、社交する場でもあった。大人が子供に礼儀を教える場でもあった。しかも寛政三年（一七九一）一月までは「入込湯《いれこみゆ》」と言って男女混浴だった。それがあたりまえだった。

だが幕府はこの月、「風俗之ために宜《よ》からざる」、つまり風俗矯正のために入込湯を禁止した。お触れには、その理由、「男湯」「女湯」に分ける方法などが細かく書いてある。

「町中の男女入込湯はおおかた場末に多くあり、男湯・女湯と分けて焚《た》いても人の入りが少なくなり商売にならないと聞く。いろいろ事情もあるだろうし、仕方ない部分もある。男湯・女湯の入る時間を分けたり、日にちを分けたりしているところもあるそうだが、日にちはともかく時間で分けるとまぎらわしくなる。そのため入込湯はいっさい禁止とする。そこで銭湯のあいだで話し合い、しばらくは、『一』『二』『三』『四』『五』『七』『八』『九』『十』のつく日を男湯、『六』のつく日を女湯、とするなどと看板を立てなさい。以後、別に女湯を建てると願い出れば、これまでの株のままでかまわない。来月（二月）十四日まではこれまでどおりでいいが、十五日からは実行するように」

さらにこの三年後の寛政六年七月には、江戸近郷の銭湯での入込湯を禁止している。

このお触れは守らざるをえなかったはずだ。

江戸初期の銭湯は、男女混浴というだけでなく、「湯女《ゆな》」までいた。銭湯が抱え置く遊女のことだ。銭湯によっては「風呂女」「髪洗い女」「垢掻《あかか》き女」などと言い、俗に「猿」とも呼ばれた。

寛永十四年（一六三七）に湯女制限令を出し、慶安元年（一六四八）に二度も湯女禁止令を出した。とはいえ「三人以上」置いてはならないというもので営業停止というものではなかった。営業停止を命じたのは、明暦三年（一六五七）のことだ。

金持ちも葬儀は簡素に

目に不立候様に、成程かるく可致旨、身分不相応大造に執行ひ候もの有之趣き相聞候。【寛政三年】

なにもそこまで倹約令を出すことはないだろう、と思うお触れまで出されている。「冠婚葬祭」のうち、庶民に直接関係があるのは「冠」以外の「婚葬祭」。結婚も葬式も祭りも、それぞれの地方・地域の風習によって異なるし、葬式については宗派によっても、遺族の懐具合によっても変わってくる。故・伊丹十三監督の『お葬式』を観た人ならば、これまでの、あれこれと口うるさい故人の兄、雨宮正吉（大滝秀治）を思い出すかもしれない。

地方・地域の風習によるとはいえ、結婚式は「ハレ」の場だから、ハデ婚であれ地味婚であれ、本人たちが幸せであれば、だれも文句を言う筋合いのものではないが、葬式となると、なかなか、そうもいかない。

「冠婚葬祭は簡素にしましょう」をスローガンにしている市もあり、けっして悪いことではないと思うし、新聞の死亡告知欄を見ていても、「故人の遺志」で密葬のみとし、葬儀を行なわないというケースも多い。それでも、残された遺族はともかく、友人・知人がどうしても「見送りたい」という思いから「しのぶ会」などが開催される。

老中松平定信の「寛政の改革」のなかで、冠婚葬祭についてのお触れが出ている。寛政三年（一七九一）五月のものだ。

「『葬礼仏事』はたとえカネがあっても目立たぬように、なるべく簡素にすべきである。寛文八年三月にもお触れを出しておいたが、年も経ち、心得ちがいをする者が出てきた。身分不相応に大げさな葬式を出している者がいると聞く。葬式のときには、麻の裃《かみしも》を着用するのは親族のみとし、親しかった者、町内の者が葬列に付き従うときには、四、五人にすべきだ。いずれにしても葬式ならびに仏事は簡素にすべきである。もし違犯する者がいたら厳しく注意する」

文中の「寛文八年」は一六六八年だから百二十年以上も前のこと。お触れを出す幕府側は、過去のお触れをさかのぼって「やっぱり出しているではないか」と思ったのだろう。

罰則こそないようだが、江戸庶民にしてみれば、着るものと同じように、「どんな葬式を出してもいいじゃねえか」だろう。

おそらく、よっぽどハデな葬式があり、それが幕府の目についたにちがいない。

だが、このお触れがどこまで実行されたかは、あやしい。ハデか簡素かは主観によるもので、どんなにハデでも喪主が「簡素だ」と思っていれば、簡素な葬式ということになるからだ。葬列にたくさん人がいても、だからといって、町年寄、名主・月行事（五人組の月当番）が「ダメだ、ダメだ」と邪魔立てできるとも思えない。

芸の師匠が色を売るな

町中女にて、武士町人へ唄、浄瑠璃、三味線など教え、其の中には猥がましき風聞も有之如何敷儀に候。【寛政十年】

幕府の風俗取り締まりは、公認の「新吉原」、それ以外の岡場所などにいる女性、水商売で売春をする女性だけにかぎったことではなかった。

その目は町中にも向けられていた。

寛政十年（一七九八）二月のお触れを見ると、わかる。

「町中の女性のなかに、武士や町人に『唄、浄瑠璃、三味線』などを教え、しかもそのなかには『猥《みだり》がましき』ことをしている者がいると噂されている。男が男に教えているもののなかにも、だ。これからは『女師匠』は『刀帯候筋』を弟子にとってはならない。また町人も、『女師匠』のもとへ男が稽古に通うのは無用だ」

江戸では、ちょうどこのころから、女性の師匠が多く生まれていた。

もちろん表向きは、きちんと「芸事」を教えていたのだろうが、なかには「猥がましき」ことまで教える者がいた。

その女師匠が美人だったり艶っぽかったりすると、男たちがこぞって習いに行き、その結果、「猥がましき」ことも教えることになる。

いまでいえば――。

映画『Shall we ダンス?』の冒頭で、主人公のサラリーマンが、社交ダンス教室の窓辺にたたずむ女性を見て、いっしょに踊りたいというスケベ心から、その教室に通いはじめるようなもの。映画での主人公は、「猥がましき」ことを考えるどころか、社交ダンスのおもしろさに目覚めてしまうわけだが。

もし武士が女師匠に惚れて通いはじめるとお勤めもおざなりになり、もちろん武士のメンツにもかかわるわけだから取り締まるのもわからなくはない。江戸城に出仕する武士が、『Shall we ダンス?』の主人公のように、仕事をしながら鼻歌で小唄を歌ったり、右手で筆を動かしながら、左手で三味線の弦を押さえる練習をしていたら、そりゃ仕事にもさしつかえるというもの。

だが、町人まで、女師匠のところに通うなというのは、さすが「寛政の改革」のさなかに出されたお触れだ。

このお触れが守られたかどうかは、わからないし、知る方法もない。「女師匠」が「猥がましき」ことをしたかどうかは、当人同士でなければわからないことだからだ。隠密廻りの同心が教え子として、女師匠のもとへ通って摘発するほど、奉行所も暇ではなかったはずだ。

女芸人は恥を知れ

女浄瑠璃と申儀相催、町家之娘共五、七人づつ相集り席料を取、

【文化二年】

すっかり馴染みのなくなった言葉かもしれないが、「浄瑠璃」というのは、三味線を伴奏とする語り物の総称で、江戸時代にはポピュラーな芸能だった。清元、常盤津、義太夫節などが有名。また「人形浄瑠璃」というのは、浄瑠璃に合わせて演ずる人形劇で、義太夫節とともに演じられるものを文楽という。では「女浄瑠璃」はというと、女性が語る浄瑠璃で、女義太夫とも呼ばれる。

文化二年（一八〇五）九月、こんなお触れが出された。

「ちかごろ、町屋のなかで、『定見世《じようみせ》』と同じように、女浄瑠璃と題して開催し、町家の『娘共五、七人づつ』が集まって席料を取り、浄瑠璃を語り、見物人の好みに合わせ、べつに料金を受け取り、その好みに応じているという。江戸の町人の身分であるにもかかわらず、親たちに言うにおよばず、当人たちも恥ずべきこと。神社境内や人が集まる場所で小屋をかけ、葭簀《よしず》を貼り替え、女浄瑠璃を催すようなことは身分の低い者のすること。町の子供たちも見物しているという。また女浄瑠璃の娘たちのなかには『売女同様之働』をする者もいると聞く。以後、町家にて『定見世』はもちろん、たとえ日数を限定しても女浄瑠璃のた

ぐいをしてはならない。小屋がけすることも莨簀を貼り替えることも、そういった場所へ町家の『女子供』が出向くことも、町役人が検査して、早々に報告すること」

このお触れで見逃せないのは、「町人が女浄瑠璃などすべきでない」、そして「売女同様之働」と売春の容疑をかけられていること。

また幕府は寛保三年（一七四三）閏四月のお触れで、「勧進比丘尼《かんじんびくに》」に対しても注意をしている。「勧進比丘尼」というのは、地獄・極楽の絵巻物の絵物語をしたり、歌を歌ったりしながら「寄進」のために勧進して諸国を歩いた女性芸人のこと。

「勧進比丘尼は、木綿衣類、木綿頭巾を着用し、宿を朝に出て、午後四時ごろまでにはもどること。最近はきれいな衣裳を着て、頭巾《ずきん》も『異様』で、小比丘尼に対の衣類を着させ、夜遅くに帰っている。または先々に泊まっている者もいると聞く。それでは『売女体』まがしいことではないか。比丘尼は先々で泊まってもいけないし、泊めてもいけない」

前に書いたとおり、幕府は、芸能事を風俗営業くらいにしか考えていなかった。一部の女芸人が「売女」まがいのことをしているようであれば、そうさせないために、すべてを取り締まるお触れを出していたことがうかがえる。

さすがにいまは「勧進比丘尼」はいないし、女性というだけで「売女」嫌疑をかければ、それだけでセクハラになる。

富くじの類はいっさいを禁ず

富突杯と名付、博奕がましき儀致間敷、并に谷中感応寺影富と名付札売出し、

【文化十年】

「○○ジャンボ」をはじめとする宝くじ（正式には「当せん金付証票」）のようなものは江戸時代にもあった。

寺社の修理料などを賄《まかな》うために寛永年間（一六二四〜一六四四）のころから幕府によって公認されていた「富突《とみつき》」（富籤《とみくじ》のこと）などと呼ばれるもの。多数販売した富札と同じ数の番号札を箱に入れ、箱に開けた小さな孔《あな》から錐《きり》を突いて、刺さったものを当たり番号としたため、「富突」と呼ばれた。

最高額は千両、五百両というものもあったが、いちばん多いのは百五十両や百両が多く、百番まで当たりがあった。富籤は一枚一分（一両の四分の一）が相場で、時代が下ると、二朱（一両の八分の一）、一朱というように値段が下がっていった。この富籤の販売総額から賞金を除いたものが興行主の収益となった。

だが「公認」だったはずの富突も、博奕《ばくち》性が高くなっていったのか取り締まりの対象になっていく。

文化十年（一八一三）十月に出されたお触れを紹介しておく。

「富突などと名付け、博奕まがいのことをしてはならない。また谷中感応寺では『影富』と名付けて札を売り出し、富籤の当たり番号で金銭などを渡している者がいる。処罰の対象となるのでしてはならない。前々から触れているとおり、『感応寺』だけでなく『目黒滝泉寺』『湯島喜見院』でも同様のことをしていると聞く。追々召し捕らえて取り調べたうえで処罰する。これまでたびたび触れているにもかかわらず違犯しているのは町役人たちが心得をおろそかにしているからで、取り締まっていないというではないか。これからは、さらに注意し、怪しいと判断したなら捨てておかず、訴え出ること。さらに役人を出向かせ、興行主を召し捕らえるだけでなく、関係者も取り調べたうえで処罰する。町役人たちにもきつく注意するので、そのつもりで」

文中にある谷中感応寺のほか、「目黒滝泉寺」は目黒不動、「湯島喜見院」は湯島天神のことで、この三寺院を「三富《さんとみ》」と言った。

富突は、はっきり言って「やりすぎ」たのだろう。このお触れから三十年近く経った天保十三年（一八四二）三月には、いっさい禁止されることになる。逆に言えば、これだけのお触れが出てもなお三十年近くつづいていたことになるわけだ。

現代の宝くじは全国自治体、はっきりいえば「お国」の主催。このお触れのように禁止になりようもない。

喧嘩は両成敗に処す

長鳶口竹鎗等を持、居宅打こわし、家財打砕き、狼藉に及び、双方とも不恐公儀仕形、不届至極に付、【文化十三年】

火事と並ぶ江戸の名物といえば「喧嘩」だが、じつは「火事と喧嘩は江戸の華」という言葉は江戸末期から使われはじめ、おもに明治時代に広まったものだ。

実際、江戸では「喧嘩」「口論」が多かった。

江戸には、浪人たち（210頁）も入り込んでいたし、地方からの出稼人（196頁）も多かった。だいいち人口差では男のほうが圧倒的に多かったのだから、自然に物々しい雰囲気になる。江戸城の下馬（52頁）でも、供廻りの者たちが「おまえの主人は成り上がりだが、われらの主人は三河以来、徳川に……」などと言い合い、喧嘩になった。

なかでも、いちばんハデなのは火事場での町火消同士の喧嘩。ほかに、文化二年（一八〇五）二月十六日に芝神明社境内で起きた「め組」と相撲取りの乱闘「め組の喧嘩」は芝居にもなった。

幕府は、これら「喧嘩」「口論」についても、たびたび、お触れを出している。

十一代将軍徳川家斉の治世の文化十三年（一八一六）六月、幕府はこんなお触れを出している。

「近頃、町人たちが、ちょっとした『喧嘩口論』にもみだらに荷担し、長鳶口・竹槍などを持ち出して、家を壊したり、家財を打ち壊したりするなど狼籍《ろうぜき》におよび、騒ぎを起こしている者がある。なかでも、この三月、箱崎町の卯兵衛、亀島町の亀次郎、霊岸島川口町の留次郎の三人は、深川小松代町において些細な理由で打擲《ちょうちゃく》に遭《あ》ったとのことで、大勢で申し合わせて本所四つ目橋まで押しかけて相手を傷つけ、花町の利右衛門宅を打ち壊した。そこでまた花町の者たちがおおぜいで新大橋まで押しかけ、箱崎町・霊岸島あたりからもまた大勢が永久橋まで押しかけた。まったくけしからんことで、喧嘩をした両方を処罰した。以後、大勢であっても少人数であっても、家や家財を打ち壊した者はすぐに召し捕らえて処罰する」

喧嘩両成敗というわけだ。

江戸時代は、現在ほど警察機構が整っていなかった。しかも町火消同士の喧嘩に代表されるように組織のメンツも手伝い、喧嘩が大きくなっていたのだ。きっと、火事見物と同じで野次馬もおおぜい詰めかけて、囃《はや》し立てたりしたにちがいない。

だが、家を壊されたり家財を壊されたりしたのでは、たまったものではない。

だが、こんなに具体的な例まで持ち出してお触れを出すなど、現代ではありえない。もちろん、お触れを出したところで「喧嘩」「口論」が減ったとも思えない。

町人其の身分不相応之儀を相好み、借上に高金之品々相用候者も有之由、不埒之事に候。【天保九年】

贅沢はもってのほか！

幕府が改革を行なうのは、政治だけでなく経済の「安定」を求めるためだった。貨幣経済が浸透するにつれ、物価が高騰し、庶民が贅沢を覚え、風紀も乱れてくる。

そこで幕府は財政再建するためにも、風紀を糺《ただ》すためにも「倹約令」を出さなければならなかった。とくに、のちに三大改革と呼ばれる時期はお触れの数が多く、庶民の生活を指導するうえでも「倹約令」は、その基本というべきものだった。

江戸の三大改革といえば、八代将軍徳川吉宗みずからによる「享保の改革」、老中松平定信による「寛政の改革」、老中水野忠邦による「天保の改革」を指す。

定信は「これからやる改革は『享保』を見習う」、忠邦は「『享保』『寛政』を見習う」としているが、吉宗が「これから『享保の改革』をします」と言ったわけではない。もちろん、この三人のほかの政治家たちが改革を行なわなかったわけでもない。

「天保の改革」のさなか、天保九年（一八三八）五月二十二日に出されたお触れは、数多く出された「倹約令」の代表と言っていい。年表などでは「奢侈《しゃし》禁令」と書かれている。

「奢侈については、前々からたびたび町触《まちぶれ》で申し渡しているが忘れられているようだ。このところ、衣服や髪飾りなどを見ていると贅沢になっている。町人は身分不相応なものを好む傾向にあり、ことさら高価なものを身につけている者もいる。じつにけしからん。幕府は倹約令を出し、お触れも出しているので、町人たちはこれからは身分不相応、贅沢は慎み、前々からお触れを出しているとおり、きっと守るように。もし、お触れに背くような者があれば、取り調べたうえで処罰する」

また、この五日前の五月十七日には、町民や農民に対して、「菓子類」「料理等」に無益の手数をかけていることを注意し、高値の品を売買することを禁じている。

このお触れが出た結果、庶民はどうしたか。一時的に贅沢はしなくなっただろうが、数日と維持できなかっただろう。はっきり言って「バレなきゃいい」わけで、オモテを歩くときは地味に、家のなかではハデに、また、地味な服に見えても裏地はハデに、など自由にやっていたはずだ。

「御触書入門」で書いたとおり、はじめに法令や罰則があるわけではない。目に余るから禁令を出し、それでも守られないと罰則規定が追加されていく。「寛政の改革」時代のあとの、江戸の文化が華やいだ文化・文政時代に身についた町人たちの贅沢を戒《いまし》めたのが「天保の改革」の倹約令だった。たびたび倹約令を出しているということは、それだけ町人たちが贅沢をしつづけていた証《あかし》でもある。

奢侈借上之儀、不束之事に候。当六月を限り、質素之家作相改可申候。

【天保十四年】

豪華な家は質素に改築せよ

幕府の目に余ったものは服装ばかりとはかぎらない。庶民が住む家にまで注文をつけることがあった。それだけ外見上のことは取り締まられやすかったのだ。「天保の改革」のなかで老中水野忠邦は、町人や農民の住む家について、いささか信じがたいお触れを出している。

天保十四年（一八四三）四月二十八日（五月との説もある）のものだ。「町々はもちろん、地方においても、『家作』については前々よりお触れを出しているにもかかわらず、だんだんゆるんできている」と言い、家のなかの贅沢な仕様について細々と例をあげたうえで、「あるいは、外見は質素でも、じつは手間をかけているような家もある。なかには茶室のように趣味で造った家としか思えないものもあると聞く。贅沢このうえなく、けしからんことだ。たとえ先代からつづく家であっても、早々に改修しなさい。さらに「この六月までに『質素之家』に改修しなさい。『花麗奢侈』でない家は取り壊すには及ばないが、町家にしては贅沢な造りであれば、残らず建て替えなさい。もし六月を越えても、そのままにしている者があれば、検査に出向き、吟味のうえで厳重に処罰する」とし、農民の家についても、身分不相応な家を建てていると耕作などが怠慢になり、風俗退廃につながるとしている。ただ農民の家については農業にさしさわる、つまり田植えから稲刈りまで忙しいと判断し、十二月までに改修するよう、厳しく命じている。

四月（もしくは五月）のお触れで六月までに改修しろというのは、町人たちにすれば、「いったいどうしろってぇんだい！」だろう。もっとも、このお触れが適用されるのは、長屋住まいの人々ではなく、持ち家のある町人たち。長屋住まいの人たちからすれば、「あんな贅沢な家に住んでいるからだ」と溜飲を下げるお触れだったかもしれない。

だが解《げ》せないのは「六月まで」「十二月まで」と期限を切っているところ。あまりに短期間すぎる。大工ら職人たちにとっては、いい稼ぎ口になったかもしれないが。

いずれにせよ、自分が稼いだカネで建てた家が「贅沢だ」とケチをつけられ、改修を命じられ、しかも従わないと、場合によっては処罰されるというのだから、たまったものではなかったはずだ。だが、このお触れは「お上」の目に触れやすい。ぶつくさ文句を言いながらも実行せざるをえなかったはずだ。もしも、現代で、こんな法令が可決されたら、それこそ暴動が起きかねない。暴動が起きないにせよ、法令を可決した党に所属する議員は次の選挙で落選するのがオチだろう。もっとも議員たちも、みずから模範を示さなければならないとなれば可決するようなことはないだろうが。

黒船来航！　努めて静かに過ごしなさい

町々にて寄集り、異国船之儀に付、妄説等堅致間敷者也

【嘉永六年】

アメリカ東インド艦隊司令長官ペリーがサスケハナ号以下四隻の軍艦で浦賀沖にやってきたのは嘉永六年（一八五三）六月三日のことだった。

俗に言う「黒船来航」だ。

幕府はもちろん、庶民たちは大騒ぎとなった。

幕府は、わずか三日後に、こんなお触れを出している。

「一、異国船渡来につき、火之用心はなおさら入念にし、冬や春のとおり、屋内で静かにしておくこと。

一、銭相場をはじめ、高値で取引してはならない。

一、物見がましき船はいっさい出て行かないこと。

一、町々で寄り集まって、異国船のことについて『妄説』など絶対しないこと」

人々は家から繰り出し、陸はもちろん、船を出してまで野次馬見物をしていたこと、銭相場が高騰し、いろいろな勝手な噂を流していたことが、このお触れからもうかがえる。

ペリーは、「開国」の返事を求めるため、翌年安政元年（一八五四）一月十六日、ふたた

びやってくるが、十二月から矢継ぎ早にお触れを出している。

前日の一月十五日のお触れを読むと、いかに戦々恐々としていたか、わかる。

「このたび浦賀表《おもて》へ異国船が渡来することにつき、防備のために武家をそれぞれ配置している。『浮説』もいろいろ流れているが、異国船は『願筋』があってやってくるので、町の者はあまり騒ぎ立てたりしないように。

一、異国船が東京湾に乗り入れてきても、半鐘を打ち鳴らしてはならない。もし火消しの必要が出てきたら、『早拍子木』で町々にリレーして知らせて、町火消しが現場に駆けつけること」

もし黒船が大砲を撃ち込んできたら……と幕府は脅《おび》えていたのだ。このお触れでは、それぞれの町火消の持ち場まで細かく指導している。

太平洋を横断してアメリカから船を繰《く》ってきていたアメリカ、まだお触れをもって町火消しに指示を出していた日本。文明の落差をうかがうことができる。

太平洋戦争直後、アメリカ軍が占領していたときには「英会話ハンドブック」がベストセラーとなった。ずいぶん時代の差を感じる。いまの日本に「黒船」がやってくることはないだろうが、もし「有事」の際には官房長官が「インターネットの噂に右往左往しないように」くらい、国民に呼びかけるかもしれない。

第二章　珍事件・凶悪事件

——治安管理にお上は大わらわ

かの賊を訴え出た者には銀三十枚！

【慶長十年】

もしかの賊を訴え出る旨あらんには。同類たりとも其罪をゆるし。

二十一世紀の現代であろうと、江戸時代であろうと、数多い犯罪のなかでも「殺人罪」はいちばん重い。

いまでも、初動捜査の遅れから、または狡猾な殺人犯のために捕まらず、指名手配のビラが駅などに貼られることが、ままある。

江戸時代がはじまってすぐから、このような「殺人犯」を手配する内容の高札が立てられることがあった。開幕して二年後の慶長十年（一六〇五）五月六日のこと。この四月、「春日の論講屋」にて、寺僧二人を殺害した者がいる。これを捜索するために、あちこちに高札が立てられた。

「もし、かの賊を訴え出る者がいたら、その仲間であっても其罪をゆるし、賞金三十枚を出す」

開幕二年にして、すでに「司法取引」をしていたのには驚かされる。

同じ慶長十年十二月――「このところ、町中にて『不慮に殺害』される者が多い。だれのしわざかわからないため、『高札をたて賞金をかけて』、その賊を捜索する」。

元和四年（一六一八）五月――「この月、伊勢国国府と平野村の間で、参宮の瞽者《こしゃ》（目の不自由な人）四人を殺し路金を奪った賊がいる。このことにつき総検校が嘆き訴えているため、賞金三十枚をもって、その賊を捜索する」。

それにしても、殺人が起きるたびに「賞金」。現代では考えられないことだ。それだけ「警察制度」が確立していなかったのだろう。ほかの犯罪でも「密告」を奨励する「司法取引」があたりまえに行なわれていたのだから。

「賞金三十枚」とあるが、ほかの事件の場合の賞金と照らし合わせて考えると、「金三十枚」ではなく「銀三十枚」。

また江戸時代にも「心神喪失」状態での殺人捜査を別途考慮していたと思える指示が出されている。元禄八年（一六九五）七月二十一日のものだ。

「『失心』して人を殺害した者は、前々より下手人であったとしても、いまよりのちは、その月番の老中にうかがいを立てて指示を仰ぐこと」

たとえ江戸時代であっても現代であっても、「人を殺す」行為に変わりはないし、「心神喪失」状態で殺人を犯す者はいる。ただ、法医学についてはある程度研究されていた江戸時代でも、精神分析学は発達していなかった。奉行所がしっかり見抜けたかどうか気になるところだ。

煙草製造者は入牢、産地の農民、代官は罰金

たば粉作候者、町人者五十日、百姓は三十日、白分兵粮にて可為牢舎事、

【元和二年】

いまでこそ「禁煙」が叫ばれ、煙草のパッケージにもデカデカと注意書きがされるようになったが、江戸時代の庶民たちにとって煙草は、ささやかな楽しみだった。

江戸時代、葉煙草を売る問屋も、刻《きざ》み煙草を売る小売商も「煙草屋」と呼んでいた。もちろん、現在のような紙巻き煙草ではなく、刻み煙草を煙管《きせる》に詰めて吸っていた。煙管も、煙草入れも、それをブラ下げる根付《ねつけ》も、趣味の対象だった。紙巻き煙草の煙草入れやライターに凝《こ》るようなものだ。かつて『銭形平次』などの時代劇を観ていても、主人公たちが煙管をくゆらすシーンを多く見受けたものだ（最近はドラマの喫煙シーンが減っている）。とくに「銭形平次」は「尻の穴から煙が出る」ほどの愛煙家で有名だった。

だが、江戸時代初期、煙草は「ご禁制」だった。煙草を売買することはもちろん、煙草を吸うことも禁じていた。たびたびお触れが出されており、元和二年（一六一六）十月三日のお触れでは、罰則まで設けられている。

「一、煙草を作った者は、町人は五十日、農民は三十日、『自分兵粮《ひょうろう》』で入牢。

一、煙草を売った者も同様。

一、煙草を作った土地の者には、農民一人につき『鳥目百疋《ちょうもくひやっぴき》』の罰金。
一、煙草を作った土地の代官は、『五貫文』の罰金」
文中の「鳥目」とは銭のこと。「銭一疋＝銭十文」なので、「鳥目百疋」は銭千文。

また「銭一貫文＝銭千文」なので、「五貫文」は銭五千文。

「銭一文＝十円」とすると、煙草を作らなくても、その土地の農民は一人一万円、代官は五万円の罰金ということになる。

ちなみに、江戸時代の宝暦年間（一七五一～一七六四）ごろから小売商の刻み煙草屋の店先には、美人の女房や娘を出して看板に出し、「看板娘」という言葉が広まるようになったとされる。

また行商の煙草屋も多く、はじめは竹や柳で編んだ行李《こうり》だったが、やがて引き出しのついた桐箱に刻み煙草を入れて練り歩いた。日にちを決めて訪ねる常客を持ち、医師や薬売りがするように縁談の仲立ちをする者もあらわれた。なかには、仇討ちの相手を探すため、煙草売りに身をやつすこともあったという。

もし、この江戸初期の「禁煙」が守られ、日本人が煙草を吸う習慣をもたず、文明開化でも煙草を輸入せず、紙巻き煙草を作らなかったら、「喫煙」がこれほど社会問題化することもなかったかもしれない。

銭の相場操作をした者は顔に「火印」の刑

御法度之外、銭えり候もの於有之は、如御定、火印を捺べき事、

【元和四年】

貨幣経済で交換レートが乱れると、社会はたちまち混乱をきたすことになる。一万円を両替したら千円札が十枚ではなく、九枚だったり十一枚だったりすると困るわけだ。

幕府が永楽銭の通用を禁止し、「金・銀・銭」の交換レートを定めて、ちょうど十年後の元和四年（一六一八）二月十二日、こんなお触れが出された。

「一、御法度以外において、銭を選んで交換する者は定めにより（顔に）『火印』を捺《お》す。

一、金一両につき銭四貫文で売買すること。もしこの決まりに背いて、高いレート、低いレートで売買した場合は、罰金として、交換した『銭金』を双方から差し出させる。

右のお触れに背いた者が出た場合は、その者が住んでいる町の家一軒から百文ずつを出させ、その土地の代官からは罰金五百文を科す」

「銭を選んで」というのは「撰銭《えりぜに》」と言い、「金銭」を交換するときに、質の悪い悪銭をきらって良銭だけを選ぶこと。これは貨幣流通を妨げる行為とされていた。

このあとも幕府は「金・銀・銅」の取引、売買など物価操作にかかわることを、たびたび注意している。いまで言う為替相場を動かす行為を禁止したわけだが、じつは江戸時代、あ

る有名な人物が相場を動かしてカネを儲けている。火付盗賊改方《ひつけとうぞくあらためかた》の長谷川平蔵だ。人足寄場が創設された翌年の寛政三年（一七九一）、幕府が悪銭を鋳造《ちゅうぞう》したために銭相場が下落して物価が高騰した。

これを見た平蔵は老中の松平定信に「主立《おもだ》った商人を町奉行所に呼び集め、物価を下げるように説諭したい」と提案。さっそく商人たちが呼び集められて、「物価を下げよ」と命じられた。商人たちは渋々物価を下げる姿勢を示した。価格を下げたのだ。だが損をしたくないため、店に並べる商品数を減らしたため物価が下がらなかった。

そこで平蔵は、「物価を下げるため」と定信に掛け合い、幕府の蔵から借り入れた小判三千両で安い銅銭を買い占めた。結果、「金一両＝銭六貫二百文」だったものが、一両日にして「金一両＝銭五貫三百文」にまで跳《は》ね上がり、平蔵は、買った銅銭をすべて両替屋に売り払い、儲けた差額を、すべて人足寄場の経費に充てた。幕府から借り入れた小判を元手に人足寄場の経費を捻出したのだ。そもそも国家予算で人足寄場の経費がまかなわれていなかったことに驚く。

現代では、平蔵のような大がかりなことはできないし、ありえない。なにしろ法務省の次官クラス、警視総監クラスの人物が国家予算で株の売買をして儲け、それを刑務所経費に充当するようなものだからだ。

人身売買は死刑に処す！

人を買取、其より先へ売候ものは、百日之籠舎、其上過銭其分限に随て可申懸、若於不出は、死罪之事、

【元和五年】

二十一世紀の現代では考えられないことだが、江戸時代は「人の命」の価値がかなり低かった。生まれる前の「堕胎」、幼児期の「捨て子」にかぎらない。いちばん多く見られたのは、他人の娘をかどわかして年季奉公先に売るもので、そのために幕府は事細かにお触れを出さざるをえなかった。

元和五年（一六一九）十二月二十六日のお触れが、それだ。

「一、人をかどわかして売った者は死罪とする。

一、人を『買取』、また他へ『売』った者は百日入牢。そのうえ過分の罰金をとること。もし罰金を出さないときは死罪とする。

一、『人売買』を禁止する以上、たとえ『実子』であっても『養子』であっても、売買したカネは双方より差し出し、支払ったカネは取り返し、あとは処罰を待つこと。

一、かどわかされて売られた者は、もとの『主人』に返すこと。もし『主人』がいない場合は本人の判断に任せること。

一、人身売買を商売にしている者は死罪とする。商売にしていなくとも、取り調べたうえで

一、かどわかされた人が売られたときには、『人之売買』の仲介をしている者も死罪とする。

『譜代』『養子』を仲介したときは、検査のうえで入牢、罰金とする」

このあと、売られた奉公人の長期年季を禁止し、奉公人が暇乞《いとまご》いをせずに逃亡したときの規定が事細かく書いてある。

また寛永十五年（一六三八）六月一日、同十九年二月十二日に、幕府は各街道筋に人身売買禁止令を出している。いくらお触れを出しても、地方の娘が江戸へ売られつづけていたことがわかる。出稼ぎに来た者だけでなく、江戸には「売られてきた」奉公人も数多くいたというわけだ。

江戸時代を通じて、「人売買」についてのお触れ、とくに「奉公人」に関するお触れは、じつにおびただしい。いくらお触れを出しても、まったく効果がなかったことを意味している。

たとえ死罪になることがわかっていても、カネのためならば秘密裏にやっていたのだ。それだけ甘い汁を吸えたのだ。

もちろん現代では「ありえない」商売だが、江戸時代でも、大きな社会問題になっていたことはまちがいない。

鎖国令　日本を出るな、出た者は戻るな

異国に我船を遣す事堅く禁ぜらる。邦人ひそかに乗渡るものあらば。死罪に処せられ。

【寛永十三年】

幕府が「鎖国」を完成させたのは、三代将軍徳川家光の治世の寛永十二年（一六三五）五月二十日とされる（諸説ある）。貿易の規制などにはじまり、最後は日本人の海外渡航、帰国禁止を命じたものだ。

さらに翌年の寛永十三年五月十九日には、幕府は「鎖国令」の励行を命じるお触れを出している。「鎖国令」に処罰規定を設けたものだ。

全部で十八か条だが、いくつか抜粋する。

「一、異国へ日本の船を遣わすことを堅く禁ずる。

一、日本人が異国に密航する者は死罪。その船主はとどまって幕府に訴えること。

一、異国に渡って住んでいた日本人が日本に帰ってきたら斬罪。

一、『切支丹宗』（キリスト教）を信仰している者を調べ上げて訴えれば、その内容により銀三百枚、ないし銀二百枚を与える。

一、南蛮人の子孫は残らず故国に追放すること。もし違犯して日本にいさせたら斬罪。親類も『軽重』の処罰がある。

一、長崎などの港で生まれた南蛮人の子を養子とした父母は、斬罪にすべきところ一命を助け、その子を南蛮人とともに追放とする。もしその子がふたたび来日したり、書簡を往復させた場合、本人を死罪とする。親類も『軽重』の処罰がある」

ほかの条々は、おもに交易に関する事項となっている。史料によっては「斬罪」ではなく、すべて「死罪」と表記されている。

それにしても――罰則の中心が「死罪」「斬罪」というのは、まだまだ人の命が軽んじられていた江戸初期だからなのか。鎖国=国家反逆罪、という姿勢だからなのか。二十一世紀の現在からは、とてもうなずける内容ではない。

命を賭してまで国を出る、国に戻る、南蛮人（当時の日本ではポルトガル人がメイン）と接触する者はいないだろうから、励行されたはずだ。ただし身内にキリシタンがいた場合は別だろうが。

鎖国以前に外国に出ていた日本人が締め出しを食うのも、ちょっと気の毒ではある。

われわれ現代人には理解できないお触れだが、「南蛮人」を、現代における「危険な宗教団体」と置き換えると、少しはわかりやすいかもしれない。

鎖国の根幹をなしているのは、貿易とキリシタン禁制だが、このふたつについては、このあとで述べる。

きりしたん宗門、今以密々有之、所々より、捕来候間、あやしき者不有之様に、面々知行所をも、無油断入念可被申付事

【寛文五年】

隠れキリシタン　見つけたら賞金

「鎖国」する以前より、幕府は「切支丹禁令」をたびたび出していた。

「島原の乱」が終結を見て半年後の寛永十五年（一六三八）九月十三日、信者を密告した場合には賞金を与えるとお触れを出した。

「一、バテレンの訴人　銀子二百枚
一、イルマンの訴人　同百枚
一、キリシタンの訴人　同五十枚　訴人によるべし。
訴える者がたとえ同じ宗門であっても、宗旨替えをすると申し出れば罪を許して褒美を与える」

ここでいう「バテレン」とは宣教師、「イルマン」はバテレンに次ぐ宣教師・修道士、「キリシタン」は信者のこと。

幕府にとってはキリシタンというだけで犯罪者と同じ扱いだったのだ。

だが重要なのは、その金額ではなく、信者であることを辞めれば罪を許され、褒美も与えられたことだ。

その一方で、町役人、名主、五人組というピラミッド構造を利用して、密告制度を徹底していた。のち最高金額が銀五百枚までになった。

キリシタンたちに対するウソ発見器、「踏絵」が行なわれたことも周知のとおり。幕府は、ありとあらゆる方法でキリシタンを摘発しようと躍起だった。

「切支丹禁令」は、江戸時代を通じて、高札で出されつづけた。江戸をはじめ全国の高札場には、つねに出されつづけていたのだ。

たとえば寛文五年（一六六五）二月のお触れにも、こう命じている。

「『きりしたん宗門、御制禁之高札』が古くなり、文字が見分けにくくなった場合は立て替えること」

また幕府は、転びキリシタンとその類族についても厳しかった。寛文十一年には一軒ごとの「宗門人別改《にんべつあらため》」を命じ、貞享四年（一六八七）六月七日には「類族令」を出して、信者の子孫、男系五代・女系三代にわたって「類別改め」に記載することを決めた。また元禄八年（一六九五）六月には「男系は玄孫、女系は孫まで」となった。

キリシタンでなくなっても、子孫は生まれてから死ぬまで、監視されつづけたのだ。それでもなお、隠れキリシタンは地方によっては数多く残っていた。鎖国（94頁）の項目でもたとえたが、「危険な宗教団体」を取り締まるようなものだったと思えばいい。

盗賊を取り逃したので注意せよ

在々所々へ夜強盗入候に付て、御穿鑿之処、いたづら者之同類欠落候間、
【寛永十七年】

時代劇『鬼平犯科帳』の影響か、「江戸時代」「盗賊」というと火付盗賊改《あらため》を思い出すのは筆者だけではないはず。

もともと「火付改」「盗賊改」は別々の役職で、火付改のはじまりは天和三年（一六八三）、盗賊改のはじまりは寛文五年（一六六五）と言われている。では、それ以前は取り締まっていなかったのかというと、けっしてそういうわけではない。

盗賊の取り締まりについては、多くのお触れが出されており、たとえば、寛永十七年（一六四〇）十一月二十日には、関東とその周辺の十二か国――武蔵・相模・伊豆・安房・上総《かずさ》・下総《しもうさ》・上野《こうずけ》・下野《しもつけ》・常陸・甲斐・信濃・駿河――に「盗賊追捕」について、お触れが出されている。

「このたび、これらの『在々所々』に、夜、強盗が入り、取り調べていたところ逃亡した。もし不審な者がいたら、村々に順次、江戸まで送って町奉行所に突き出すこと。もし素直に従わなければ捕縛するか、場合によっては打ち殺してもかまわない。農民たちにきっと知らしめ、油断なきよう念入りにあたること」

関東とその一円にはびこる盗賊を指名手配した、威勢のいいお触れのように見えるが、じつは取り逃がした失態の尻拭いをしろと命じていることがわかる。現代では警察の失態はなかなか公表しないものだが、なかなかに正直だ。

過去にこのようなことがあったからこそ、幕府は「盗賊」専門の捜査官が必要だと実感し、「盗賊改」という役職を置いたのだろう。さらに「火付改」を設置したが、盗みを働き、家人を皆殺しにしたうえで、火をつけるというような「火付」と「盗賊」がセットになった犯罪が多発したため、「火付盗賊改」としたにちがいない。

町奉行所というのは、時代劇の影響で、いまの警視庁の役割だけのようだが、じつは東京都庁、最高裁判所、消防庁などの役割も担っていた。いっぽう「火付盗賊改」は捜査対象が特化されているから、それだけ機動力があったのだ。

『鬼平犯科帳』で描かれている火付盗賊改の実態は、現実と大差ない。「火付」の場合は市中引き廻しのうえ火炙《ひあぶ》り、「盗賊」の場合は、ケチなコソ泥でなければ、たいてい斬首となる。死刑はまぬがれない。だから火付盗賊改の追及は厳しく、刃向かえば斬って捨てることもありえた。遠慮などしない。ふだんは町奉行所の同心たちを恐れもしない盗賊たちも、「火付盗賊改」と聞けば恐れをなしたはずだ。だから盗賊たちは、死一等を免じられ、火付盗賊改の「狗《いぬ》」となったら命がけで働くのだ。

ニセ同心を見逃すな

町御奉行同心、万ねだりを申、礼銭を取申候はば、御奉所へ急度可申来、【慶安元年】

藤田まこと演じる仕置人「中村主水《もんど》」をはじめ、町奉行所の同心は時代劇の主人公になることが多い。実際に同心は何人くらいいたのだろうか。

寛文二年（一六六二）～ 北町 百人、南町 百人
元禄十五年（一七〇二）～ 北町 七十五人、中町 七十五人、南町 七十五人
享保四年（一七一九）～ 北町 百人、南町 百人
安政六年（一八五九）～ 北町 百四十人、南町 百四十人

およそ二百人以上がいたわけだが、そのほとんどは、いわゆる内勤。

同心は世襲制で、勤続年数も長かった。また与力に昇格するのは、きわめて稀《まれ》だった。また組屋敷が八丁堀にあったことから、「八丁堀の旦那」と呼ばれた。家はおよそ百坪あったが、たいてい町人に貸して、本人は奥のほうでひっそり暮らすことが多かった。

時代劇などに登場する同心は「三廻り」。格の順に「隠密廻り」「定《じょう》廻り」「臨時廻り」。

「隠密廻り」は江戸市中（ときに江戸以外）の風聞や噂を探索する役目。「定廻り」は定まった道順で市中を巡回して違法者を逮捕する役目。「臨時廻り」は「定廻り」の補助、または

「定廻り」の道順に関係なく動くことができた。同心二百人のなかでも「三廻り」は花形、なかでも「隠密廻り」は特別だった。この「三廻り」には与力という上司はなく、町奉行に直属していた。

きちんとお勤めをしていた同心がほとんどだったのだろうが、世の中、今も昔も同じ、立場を利用して悪事をはたらく同心も多かったようだ。同心といえば、いまの刑事、警察官。彼らが賄賂《わいろ》を受け取ってはいけないのは当然。現在は、「公務員規制法」で賄賂や接待も禁止されているが、いまでも問題は発生している。江戸時代でも同じことだ。

慶安元年（一六四八）三月十九日、幕府はこんなお触れを出している。

「町奉行同心のなかで、なにごとにつけ物を『ねだり』、礼金をとる者がいたら、隠さず奉行所に知らせること。あとで周囲からバレたら承知しない。また町奉行所同心と偽って『ねだりごと』をする者がいたら見逃さず、自身番に連れてきなさい」

つまりニセ同心が横行していたのだ。その権威をふりまわしたいという目的もあったのだろうが、町人たちから金品をねだるのが、おもな目的だったようだ。それだけ「おいしい」思いをしている同心が多かった証拠でもある。

刑事や警察官を装っての詐欺、「消防署のほうから来ました」で有名な消火器詐欺のようなもの。

あやしい「よそ者」を放置するな

行衛不知浪人、一切抱置べからず、　【明暦二年】

盗賊というと、江戸の町を跳梁跋扈《ちょうりょうばっこ》するイメージがあるが、たとえ農村であろうと出没したし、ときには農村に逃げ込む盗賊もいた。

幕府も、そんな盗賊たちには手を焼いていたようで、明暦二年（一六五六）十二月二十八日には「盗賊人穿鑿《せんさく》条々」と題した盗賊取締条例を関東諸国に出している。

全九条におよぶ長いもの。簡単に紹介すると――。

「一、『耕作商売』もせず、ときどき他国に赴いて、博奕などの賭け事を好み、似つかわしくないものを着た不審な者がいたら訴え出なさい。

一、見知らぬ浪人者をいっさい抱え置いてはならない。

一、怪しい者が村に亡命してきたときは、すぐに留め置いて、代官所に訴え出なさい。

一、村々の適切なところに番屋を設置して、夜は見張りをしなさい。『盗賊がいたぞ』と声があがったら、すぐに出ていって召し捕らえなさい。もし盗賊を召し捕らえた農民がいたら、ちゃんと路銀《ろぎん》も与えなさい。

僧侶や山伏などを泊めたら、その者たちが盗みをしないように検査しなさい。身元不明の者をみだりに留め置かないこと。
一、夜盗がいることがわかったときは、すみやかに訴え出なさい。
一、神社や寺、山林に潜んでいる不審な者がいた場合は、捕らえて、名主らと相談のうえで地頭や代官に引き渡すこと。もし捕らえるのが難しいときは庄屋に届けなさい。庄屋は人を集めて協力して捕らえなさい。
一、鳥獣を撃つことを許可されている者以外は、鉄砲を所持してはならない。もし昼夜を問わず、山のなかで無益な殺生をしている者がいたら訴え出なさい。
一、馬を牽《ひ》いている不審な者がいたら行き先を尋ね、さらに不審ならば付いていって行く先を見届け、報告しなさい。
一、盗賊が盗んだ物を見つけたときは、すぐに届け出て五人組で検査すること。もし対処が遅れて盗賊が逃げた場合は名主、五人組を処罰する」

じつは、ひとつひとつといっていいほどに罰則規定があり、名主、五人組の連帯責任で対処せよというムードが漂《ただよ》っている。現代なら、スピーカーを通して村じゅうに注意をうながすようなものだ。村々に、こんなお触れが出されること自体、異常としか思えない。それだけ江戸時代は物騒だったということになる。村全体で「よそ者」を監視するだけでも、実際に盗みは減ったにちがいない。

子おろしの看板出置商売致候もの在之候ハヽ、

【寛文七年】

赤ん坊をおろすべからず

「中絶」「堕胎」という行為は、江戸時代にも多く見受けられた。

生活が貧しい、不義密通などで妊娠した、相続争いのタネになってしまう……などの理由で、身分に関係なく行なわれていた。とはいえ平然と行なわれていたわけではなく、「忌《い》み」「穢《けが》れ」とされていたことも事実。医師、助産師といった医学知識がある者に頼む場合、経験のある老女、姑などに頼む場合、はたまた祈禱師に頼む場合、そして自力でなんとかしようとするケースもあった。

医師で有名なのは京都で発展した「中条流《ちゅうじょう》」。堕胎を専門とする女医が水銀から作られた薬品を用いた。また薬品もまた「中条流」と呼ばれた。民間では、ホオズキの根、ヤマゴボウの根、ハランの茎、ナンテンなどを子宮に挿入する方法もとられた。高いところから飛び降りる、階段から落ちるなど危険な方法をとる女性もいた。

じっさいに、江戸でも「堕胎」の看板をあげている者がおり、表向きだが、幕府も禁止措置をとっていた。

寛文七年（一六六七）五月二日のお触れでは――。

「『子おろし』の看板を出して商売をしている者がいるが、此《これ》は、絶対にしてはいけないことなので、看板も出してはいけない。もし内々で『子おろし』をする者がいたら、その者は町内に置いておいてはいけない」

それでも堕胎が行なわれていた事実は曲げようもない。いくら看板をおろしたとしても、それこそ内々で堕胎を請け負う者がいたし、堕胎を頼む者もあとを絶たなかったのだろう。しかも、このお触れには「処罰」らしい「処罰」は書かれていない。看板をひっこめてバレないようにやる、バレて町から追い出されたら、ほかの町でこっそりやる、という逃げ道があるのだ。

江戸時代、不義密通は重罪だったが、不義密通の結果、妊娠したケースも多かったにちがいなく、妊娠してしまった場合、どうしても産めないとなると、だれかに「堕胎」を頼むしかなかったのだ。冒頭にも書いたが、武家の女性であろうが、商家の女性であろうが、庶民の女性であろうが、だ。

キリスト教が根付いていない日本では、もともと堕胎は罪ではないが、現代においては罪の意識は江戸時代よりもさらに薄くなっている。それは「数え」で年齢を数えなくなったことも関係しているはずだ。「数え」は受胎したときから計算され、生まれたときには一歳。そのあと正月が来るたびに年齢が加算されていく。だから「お年玉」というのだ。

ニセ薬造りは厳しく取り締まる

一、諸国に於て似せ薬種一切可為停止、
一、毒薬一切売買不可仕事

【寛文十一年】

江戸の庶民が病気になったとき、まず頼るのは市販の売薬だった。医師にかかるのは面倒、かといって民間薬を作る材料もなく、処方もわからなければ、売薬がいちばん手っ取り早い。そのへんは、いまと事情はたいして変わっていない。

江戸の庶民が愛用していた市販薬は――。

心痛・腹痛・小児病・気付《きつけ》に効くという越中富山の「反魂丹」。

口臭・頭痛・めまい・立ちくらみ・歯痛に効くという小田原の「ういろう」。

気付・腹痛・癪《しやく》、また小児の疳《かん》の虫に効くという「奇応丸」。

胃腸剤・整腸剤になる木曾御嶽の「お百草」。

解毒剤・鎮痛剤で、俗に「万金丹」と呼ばれる「紫金錠」。

強精剤として有名だった「地黄丸」。

火傷《やけど》・腫れ物の軟膏として有名な「紫雲膏」。

などで、ほかに、越後からの行商が売っていた「毒消し」、石見《いわみ》銀山の砒素《ひそ》から作った殺鼠《さつそ》剤で行商されていた「いわみぎんざんねずみとり」も有名だった。

だが「売薬」は人の命に関わるだけに、幕府の目も厳しく、寛文十一年（一六七一）十一月一日のお触れでも——。

「一、諸国において、ニセ薬をいっさい造ってはならない。もしニセ薬を売っている者があれば訴え出なさい。褒美を与える。

一、毒薬をいっさい売買してはならない」

とあり、同様のお触れをたびたび出している。

文化十一年（一八一四）六月のお触れでは、「『唐薬和薬』ともに『上方』ならびに『在方』から江戸に売りにくるときは、『本町三丁目薬種問屋』『大伝馬町組薬種屋』以外で取引をしてはならない」とし、『山方』から出した『薬種』に出所不明の『唐薬種』を交ぜて利潤をはかっており、『性合等不分明成品』のものもあり、問屋でも『真偽』を正すのも行き届いていない」と注意を与えている。

それだけ「あやしい」薬も多く売られていたということだし、どれほどお触れが守られていたか、あやしい。

江戸時代には、現代のように「厚生労働省」がしっかり指導するようなことはなかったわけだし、薬が命にかかわるという意識も薄かった。毒薬やニセ薬を服用して死んでしまった人もいたはずだ。「ありえない」ことが江戸時代では起きていた。

みだりに鉄砲を撃つな

比日猥に鉄砲打候者有之由相聞、不届之至也、若隠置輩あらば、曲事たるべし

【貞享二年】

32頁で庶民の帯刀について述べたが、武器について幕府が目を光らせていたのは刀だけではなかった。八百屋お七の「お七火事」が起こった三年後、「生類憐《しょうるい》みの令」が出される二年前、五代将軍徳川綱吉の治世の貞享二年（一六八五）二月十二日、幕府は「鉄砲」について、こんな高札を出した。

「一、このごろ、みだりに鉄砲を撃っている者があると聞いている。不届きである。もし隠し置く者がいれば、けしからんことである。

一、鉄砲を撃っている者は、銀三百枚。

一、その仲間で訴え出た者には、銀二百枚。

一、鉄砲を撃っている者を目撃し、その者の名前と住所を連絡した者には、銀百枚。

右のとおり褒美をとらせる。たとえ仲間であってもその罪を許し、復讐しないように申しつけるものである」

また享保三年（一七一八）七月二十六日のお触れでは、このところ鳥銃を撃つものがいるので、「犯人を捕へば賞銀三百枚。その党類訴え出ば二百枚」、見届けて「姓名郷里」などを

申し出れば「百枚たまふ」とある。

ここでの「銀」は、常識から考えて一枚七万円相当（32頁）の慶長丁銀だとは考えにくい。だとすると丁銀の補助硬貨にあたる豆板銀だろう。だが豆板銀は大きさ・重さが一定ではなく、一匁（約三・七五グラム）から十匁（約三七・五グラム）。元禄年間（一六八八～一七〇四）の相場は「金一両＝銀六十匁＝銭四千文」だから、「金一両＝十万円」だとすると、一匁の豆板銀はおよそ千六百六十六円。「銀百枚」は十六、七万円になる。いちばん小さい豆板銀でだ。「銭一文＝十円」を基準にしても、六、七万円になる。

ここで注目しなければならないのは、金額もさることながら、訴え出たら、仲間であっても罪を許して褒美を与えるという但し書き。つまり幕府は庶民に密告を奨励していたのだ。この但し書きは、あらゆる犯罪に関するお触れに、かならずと言ってもいいほど登場してくる。いわば「司法取引」をもちかけていたわけだ。

だからといって、ほいほい密告していたかどうかは別。密告したことがバレたら、いくら幕府が禁止しても仲間から「てめえ、よくも、お上に売りやがったな」と復讐が待っているからだ。

いまも「タレ込み」はある。だが、警察が堂々と「タレ込め」と奨励したりしない。それだけ江戸時代の警察捜査の手が足りなかったと解釈すべきだろう。

子供を捨てるな

捨子いたし候事、弥御制禁候、養育雖成訳有之候はば、【元禄三年】

「堕胎」と「間引《まび》き」、また「間引き」と「捨て子」はちがう。

間引きとは、そもそも良い苗の生育を育てるために、ほかの苗を「抜く」ことから、虚弱や貧困などを理由に育てられない赤ん坊を死なせることで、とくに飢饉などのときに行なわれることがあった。だが捨て子は、経済的に育てられないなどの理由で文字どおり捨てることを意味している。

元禄三年（一六九〇）十月二十六日、幕府は捨て子を厳禁にするお触れを出した。「生類憐みの令」を出した三年後のことだ。

「捨て子することを禁止する。養育できない理由があれば、奉公人はその主人、天領であれば代官、私領ならびに町中であれば名主、五人組に申し出ること。個人で育てられない子供は、その土地土地で育てること。それでもなお捨て子をしたら、厳しく処罰する」

元禄八年十月十一日にも「前々よりお触れを出しているにもかかわらず、捨て子をする者があると聞く。これよりのちも、そんなことがないように厳しく取り締まるべきである」とし、さらに元禄九年九月七日には、さらにお触れを出して、予防策まで講じている。

「土地を借りている者、家を借りている者は、子供が生まれたとき、妊娠したとき、また三歳以下の子供がいても、名主、地主、大家が調べたうえで帳面に記録し、もしその子供たちが行方知れずになった場合、その疑いがある場合は、すぐに届け出なさい。もし隠しておき、捨て子が露見したときは、名主、五人組、地主、大家も処罰対象となる」

子供を捨てておいて「神隠しにあった」などと騒ぐ者もいたにちがいない。

また町の番人に対しても、享保八年（一七二三）二月十三日に、「往来の者が捨てないように気をつけ、もし幼児が捨てられたときには早く拾い上げて掟に従うこと。面倒くさいと思って放置したら処罰する。これが病人、酔っぱらいでも同じ。四年前、筋違橋《すじかいばし》の外に幼児が捨てられたことがあり、番人がひそかによそに捨てたが、あとで露見して死罪となった。こんなことがないように戒める」と注意を与えている。

「生類憐みの令」が出ていようがいまいが、捨て子は殺人に等しい。親だからといって子供を捨てていいわけではない。

病気とわかっていて放置して子供を死なせる、泣き声がうるさいからといって絞め殺す、などなど、現代社会では「捨て子」よりも悪質な「子殺し」があまりに多い。わが子を虐待する親は、さらに多い。江戸時代のような「間引き」はないにせよ、人の命について、もっと考えるべきなのではないか。

何者申出候哉、一町切に順々咄侯者、先々だんだん可書上之候、
【元禄六年】

変な噂を流す輩を探し出せ

江戸は世界一の百万都市と言われるが、なにもはじめから百万人だったわけではない。元禄六年（一六九三）当時の江戸の人口は三十五万三千五百八十二人（陰陽師、山伏、座頭などを除く）だったのだ。なぜ、そこまで詳細がわかるのか。

じつは江戸の人口は、思わぬところから、わかった。元禄六年六月、幕府は、こんなお触れを出した。

「このごろ、馬が人の言葉を話すという噂を流す者がいる。かつて『針灸』についての噂を流した者もいた。こんな噂を流すとは有害だ。どこのだれが噂を流しているのか。町ごとに、噂を流している者を探して提出せよ。いちばんはじめに噂を流した者が見つかったら、どこの馬が人の言葉を話しているか届け出なさい。また『薬方』について噂している者も町ごとに探し、見つかったら、どの医書に書いてあるかも届け出なさい」

およそ十か月後の元禄七年三月十一日、筑紫園（門）右衛門という浪人が「馬のものいひしよし妖言をとなへ、符籙《ふろく》などつくり、又虚説を書て衆民を惑はすにより」市中引き回しのうえ斬罪となった。噂を流した張本人が見つかったのだ。噂の内容から推測して、病除けの

札、薬の処方箋を書いて売っていたらしい。

この騒動は、幕府にとっては思わぬ副産物をもたらした。町々から口書《くちがき》（供述書）を提出させたことで、江戸の人口が三十五万三千五百八十二人であることが判明したのだ。噂が流れた事件自体は「奇怪な話」として片付けられるようなことだが、江戸の人口がわかったことで幕府の公式記録『徳川実紀』にも記載されることとなった。

幕府は、天和《てんな》三年（一六八三）九月、各町ごとに人別帳で住民を改めさせ、「徒者《いたずらもの》」を置かないため、毎月、名主から町年寄へ届けるように命じていた。のちに四月と九月の二回となったが、具体的な数字は残されていなかった。もともと人別改は警察がらみであり、また「宗門改人別帳」という異名があるようにキリシタンを吟味するのが主で、人口調査自体が目的ではなかったのだ。

十八世紀に入ると、町奉行支配の町人人口が四十五万人から五十万人、寺社奉行支配の町人人口が五万人から七万人、武家人口が約五十万人だった。江戸の人口が百万人といわれるゆえんだ。

しかし、「馬が人の言葉を話す」という噂を流した者を探せ、というお触れが出ること自体、おもしろい。さしずめ、都市伝説の言い出しっぺを探せ、といったところか。「2ちゃんねる」の発言者は捜査の手が入ればわかるが、都市伝説となるとかなりむずかしい。

似せ之金銀持候者有之ば、早速訴人に出べし、

【元禄九年】

贋金造りは重罪、密告を大歓迎

古今東西を問わず、「贋金造り《にせがね》」は国家にとっては大罪だ。もし贋金が大量に出回れば、その国の経済を大きく左右しかねない。

慶長六年（一六〇一）から、幕府は「慶長金銀」と呼ばれる貨幣を鋳造しつづけていた。大判（金十両）・小判（金一両）・一分金・丁銀・豆板銀だ。

だが元禄八年（一六九五）に「慶長金銀」を改鋳して「元禄金銀」を造ることになった。目的は、品質を落とすことで生まれる改鋳益金を得る、貨幣数量増大への対応、貿易による金貨・銀貨の海外流出、諸国鉱山からの金銀産出量の減少……などが理由だ。幕府にも、それなりの理由はあった。

改鋳をはじめた翌年の七月八日、幕府はお触れを出した。

「一、新しい金銀（元禄金銀）は吹き直しによってどんどんできているので、古い金銀（慶長金銀）は両替商で交換し、古い金銀は使わないようにしなさい。

一、今後は、『本郷』以外で、金銀をいっさい吹き直してはならない。もし吹き直した者、もしくはニセの金銀を所持している者があれば、すぐに訴え出なさい。たとえ仲間であって

もその罪を許し、褒美を与える。訴え出ても復讐してはならない。もしニセの金銀を造っている者、所持している者を隠し、それがあとでバレた場合には、本人だけでなく、親類や地元の者まで処罰する」

はじめの条項は「慶長金銀」の通用停止、次の条項は「贋金造り」の禁止だ。

冒頭に書いたとおり、「贋金造り」は国家にとっては大罪。重い処罰が待っていて当然。それは現代であっても江戸であっても同じことだ。実際に贋金を造る者はいたのだろう。だが記録が残されていない。大量の贋金を造るには、職人もいるし、場所もいる。元手もかかる。割に合わない。

やはり、ここでも密告が奨励されている。贋金造りなど、極秘裏に実行するものだから摘発が困難なのも事実だった。

文中の「本郷」というのは、本郷霊雲寺門前大根畠に設けられた吹所《ふきどころ》のこと。「元禄金銀」に改鋳するため、新たに設置されたもの。現在の独立行政法人「造幣局」にあたる。この「元禄金銀」を発案したのは、勘定吟味役（のち勘定奉行）の荻原重秀で、彼は改鋳の主任となる。荻原は、五年後の元禄十三年に品質の悪い小型の「寛永通宝」を、京都糸割符《いとわっぷ》仲間に任せて鋳銭させる。だが、あまりに粗悪だったため、人々からは「荻原銭」と呼ばれ、悪名高かった。

生類憐みの令　犬殺し密告に金子五十両

市兵衛犬切殺候由、本所相生町二丁目左官加兵衛と申者の娘、しもと申小女申候に付、御僉議相知候間、為御褒美金子五十両、しもに被下候
【元禄九年】

社会科、歴史、日本史の授業でかならず習う、五代将軍徳川綱吉の「生類憐みの令」は、はじめから「生きとし生けるものすべてを殺してはならない」と決められていたわけではなかった。

はじめに「生類憐みの令」が出されたのは貞享四年（一六八七）一月二十八日。

「すべて人宿あるは牛馬宿その外も。生類重くなやめば。いまだ死せざる中に捨るよしほゞ聞えたり。さるひが事ふるまふ者あらば。きびしくとがめらるべし。ひそかにかゝる事なすものあらば。うたへ出べし。党与たりともその罪をゆるし。褒賜あるべしとなり」

はじめは、これだけだったのだ。「牛馬を生きたまま捨ててはならない。そんな者がいたら訴え出よ。自分が捨てていても訴え出れば罪を許し、褒美を与える」と。

だが、このあと、貞享四年だけでも――。

二月二十七日には「生きた魚・鳥を殺して食用に出してはならない。鶴・亀も同様」、三月二十六日には「鶏など飼っている鳥を殺してはならない、卵を産んだら育てよ。亀も同様。魚を生け簀《す》に入れて売買してはならない」、四月十一日には処罰された者のことが書か

れ、はじめて野良犬への粗末な扱い、飼い犬が死んだときの扱いなど、犬について触れられた。以後、七月二十日には大八車などで犬を轢《ひ》いた者への処罰、さらに元禄四年（一六九一）十月二十四日には「蛇をつかっての薬売り、そのほか生類に芸を仕込んで苦しめ、見世物にしてはならない」とエスカレートしていく。

元禄九年八月には、幕府が犬を飼育するための費用を江戸市中に課し、同じ月には「本所相生町《あいおいちょう》三丁目大工善次郎、弟子犬切殺候者、市兵衛」が「本所相生町二丁目左官加兵衛と申者の娘しもと申小女」の密告で取り調べを受け、この娘が「金子五十両」を与えられたことが市中に触れされた。市兵衛という男が「見せしめ」にされたわけだ。この市兵衛はのち死罪となっている。

とくに犬が大事にされたのは綱吉が戌年だからで「犬公方」の異名は有名。「犬医者」という御用医師まで登場し、人よりも犬が大事にされた。

「生類憐みの令」は、綱吉が他界してすぐに廃止された。

「生類憐みの令」は史上類を見ない「悪法」とされるが、「生き物の命を大切にする」という点では仏教の理念にもかなっている。だが行き過ぎだった。こんな法令が出されることは現代ではありえないが、もし出されたら、すぐに国会は混乱を来たし、「お犬様解散」「お犬様総選挙」になることは必定だ。

其事なすものあらば。流刑に処せられ。また
其さまによりては。死刑にも至らしめ。
【享保十一年】

賭博は重罪！　死刑も免れぬ

江戸時代には、74頁で述べた「富突」だけでなく、「ナンバーズ」のようなものがあった。といっても、だれでも自由に参加できるわけではなく、仲間内でのことだから公式のものではない。非公式なものだ。

「三笠付《みかさづけ》」と呼ばれるもので、「冠付《かむりづけ》」という俳句遊びのひとつ。

冠付とは、点者《てんじゃ》が出した句の上五字（冠）に、中七字、下五字をつけて一句とする遊び。

元禄十五年（一七〇二）二月のお触れには――。

「このごろ、俳諧点者のなかに『冠付』という看板を出し、人を集め、そのうえ褒美といって『衣類器財』などを賭け、それを生業としているものがいる。こういった遊びは『博奕之勝負』になっていると聞く。看板をさげ、以後、しないように」

だが宝永年間（一七〇四〜一七一一）ごろになると、冠付のなかから三笠付が生まれはじめた。点者が冠の五字を三つ出し、それに中七字、下五字をつけさせて点数をつけ、高得点を争う遊びだが、だんだん博奕の要素が濃くなっていく。冠付の題のひとつに二十一句ずつつけた句を並べ、そのなかから参加者の好きな句を三つ選ばせ、点者が選んだ句と一致した

句が多いものを勝ちとした。参加者みずからは句を練る必要がないので、だれでも気軽に参加できる仕組みだ。

享保十一年（一七二六）一月には、この「三笠付博奕停止」と題した高札が日本橋の高札場に出されている。

「人を集めて『博奕三笠付』をしてはならない。もし行なえば流刑《るけい》、場合によって死刑にする。家財を没収して身分を落とすこともある。ひそかに訴え出れば褒美を与える。もしみずから行なっていても態度を改めて訴え出ればその罪を許して褒美を与える。地主・家主たちは怪しい者を見つけたら、すぐに訴え出なさい。もし、地主・家主の店子のなかで行なっている者が捕まったら、『家資』を納めさせ、『百日手錠』とする。両隣と五人組は『家資』のみ納めさせるが、名主と町の者、庄屋と村の者には『罰銭』を出させる。また私怨から訴え出る者がいたら糺《ただ》したうえで厳罰とする」

いかに賭け事に走る人が多かったかをうかがうことができる。

さすがに現代では、こんな賭け事はないだろうが、「仲間内でトトカルチョをしてはいけません。もしＪリーグでトトカルチョをするなら『ｔｏｔｏ』を買いなさい」といったことが広報で書かれていたり、回覧板が回ってくるようなものだ。そういった意味では、現代のほうが「賭け事」を公にできる良い環境なのかもしれない。

弥以夜四つ時以後通り候者心を付、拍子木にて一町切に送り可申候、

【正徳二年】

夜十時以降は外出禁止！

時代劇では、あまり見受けられないが、江戸市中の町境には、町を警固するために木戸が設置されていた。京都・大坂にもあったが、江戸の木戸は慶長十四年（一六〇九）には、すでにその存在が記録されている。

木戸には、それぞれ木戸番がふたりいて、「番太郎」「番太」と呼ばれ、木戸番屋に住み込んでいた。たいていは老人だった。彼らの給金は、それぞれの町内から支払われていた。老人だから高い賃金を払わなくていいという判断からだ。賃金が少額だったため、木戸番たちは、副業として駄菓子・蠟燭《ろうそく》・糊《のり》・箒《ほうき》・鼻紙・瓦火鉢・草履・草鞋《わらじ》などの生活雑貨、また夏には金魚、冬には焼き芋などを売って糊口《ここう》を凌《しの》いでいた。だから木戸番屋は「商《あきない》屋」とも呼ばれていた。

彼ら木戸番は夜の四ツ時（午後十時ごろ）に木戸を閉めた。主な目的は、盗賊など、追われる者の逃亡を防ぐためだ。夜四ツ時以降、用事のあるものは木戸番にチェックを受けたうえで、木戸の左右にある潜り戸から通る決まりだった。ただし、医師や産婆は人の命に関わる急用のためノーチェックだった。

その、四ツ時以降に木戸を通る者について「再確認」の意味で定めたお触れが正徳二年（一七一二）十一月に出されている。

「町々で、夜更けに人が木戸を通るときは、きちんと木戸番が送ること。前々から、たびたびお触れを出しているにもかかわらず、このごろはみだりになり、送っていないと聞く。けしからんことだ。夜四ツ以降、木戸を通る者があるときは拍子木を打って、次の町の木戸番に知らせること。もし怪しい者がいたなら、召し捕らえること」

この、拍子木を打って次の町の木戸番に知らせることを「送り拍子木」と言う。

午後十時を過ぎたら、人の命に関わること以外、歩いてはいけないのが原則だった。だが、決まりごとにはかならず例外があり、「送り拍子木」も守られなくなり、やがて、それが下手人を逃がすことにつながっていく。だから幕府も厳しく取り締まるわけだ。

もちろん木戸番が怪しい者を通したりしたら、名主および月行事（五人組の月当番）も連帯責任となる。

このお触れも、出されてすぐは効果があったはずだ。だが木戸番とて人間。ふたりいて交替で見張るにしても、居眠りもするだろうし、顔見知りであれば甘くもなる。なかには袖《そで》の下をもらって通していた木戸番もいたかもしれない。

いまなら、さしずめ守衛といったところか。年輩者が多いのも似ている。

密貿易を白状すれば許し、褒美を与える

訴人仕候はば、是又其の科をゆるし、御褒美被下事、右同前たるべき事

【正徳四年】

時代劇などで「抜け荷」という言葉が使われることがある。密貿易のことだ。鎖国時代の日本では、外国船との「抜け荷」には重罰が科された。

正徳四年（一七一四）二月に出されたお触れがその代表的なもの。長いので、要約したものを紹介しよう。

「一、『浦々』において、異国船の抜け荷を買っている商人がいると聞く。これからは、抜け荷をすると知らなくて船を出した船頭も水主《かこ》も、抜け荷を買った商人と同罪とする。だから『諸国浦々』の船頭や水主は、ふだんから相談して、抜け荷をしようと船を借りる商人がいたら捕らえて、長崎奉行所、またはそれぞれの土地の代官や地頭に訴えること。船のなかで捕らえられないときは、どこへでも船をつけて土地の者に知らせて捕らえ、訴え出よ。そうすれば、船頭や水主には褒美を与える。

一、もし、抜け荷をする商人と手を組んで船を出した船頭・水主であっても、船のなか、ないし、船をつけたところで商人を捕らえれば、その罪を許し、その商人からもらうはずだった代金と同額の褒美を与える。水主が、商人・船頭を捕らえても同様。

一、資金源となり、人を雇って抜け荷をさせている者もいると聞く。そういった者を訴え出れば、その資金源となっている者の「金銀米銭家財」を残らず褒美として与える。
一、抜け荷仲間が、仲間を召し捕らえて訴え出たら、その荷物を褒美として与える。
一、異国人と抜け荷の仲介をしたり、商人に雇われたりしている者も、訴え出れば、仲間であっても罪を許し、『貨銀、札銀』などギャラ分を与える。抜け荷を買う商人を泊めたり、抜け荷を預かっていた者でも、訴えればその罪を許し褒美を与える」
ただし、いずれも、隠しておき、よそからの訴えでバレたら、抜け荷を買った商人同様の処罰が待っているとしている。

また寛政元年（一七八九）十二月の高札では、「『唐紅毛人』たちから、金銀や銅銭を使って抜け荷を買った者は死罪」「『煎海鼠《いりこ》、干鮑《ほしあわび》、昆布』などの抜け荷を買った者は、場合によっては死罪」と厳しい処分となっている。

密貿易＝「抜け荷」は、鎖国下にあっては、かなりの重罪だったことがわかる。

二十一世紀のいまは鎖国をしていないから理解しにくいが、「御禁制」という点でいうと、麻薬売買、ワシントン条約で定められた動物などを摘発するのに似ているかもしれない。もちろん、いくら幕府が取り締まっても、抜け荷でうまい汁を吸おうとする商人がいるかぎり、なくなったとは思えない。

心中未遂はさらし者にする

心中と名づけて梓にちりばめ。よみありき。うりひさぐことは前に禁じらる。

【享保七年】

現代では「心中」の二文字で想起される言葉は「無理心中」「一家心中」「親子心中」などだが、江戸時代の「心中」は、もともとは「死」を意味してはいなかった。異性間のものであれ、同性間のことであれ、相愛の情を示す方法で、「紙に誓いを書く」「髪を切る」「刺青をする」「爪をはがす」「腕や太股の肉を傷つける」などの行為だった。それらがエスカレートし、「命を賭ける」＝「心中死」となり、やがて「死」がとれて「心中」＝情死を意味するようになっていった。

「心中」がとくに増加しはじめたのは元禄年間（一六八八〜一七〇四）からで、元禄十六年（一七〇三）五月に大坂竹本座で初演された近松門左衛門の人形浄瑠璃『曾根崎心中』がその後の心中の流行に拍車をかけたのも事実。

『曾根崎心中』は、初演の前の月に起きた、大坂堂島新地天満屋の女郎お初と醬油商平野屋の手代《てだい》徳兵衛の心中がモデルになっている。

これ以後、心中事件があとを絶たなかったのだろう、「享保の改革」と呼ばれる八代将軍徳川吉宗の治世の享保七年（一七二二）十二月七日、小石川養生所ができた、ちょうどその日に、幕府は、こんなお触れを出している。

「『子女』が相談のうえ情死をとげることを『心中』と名付けて紙上にちりばめ、読み歩いて売ることを以前も禁じていたが、このごろは『みだり』になっている。厭《いと》うべきことだ。よってこれからは役人を遣《つか》わして逮捕させる。もし見かけたら捕らえて、月番の奉行所に訴え出よ。もし見かけておきながら見逃し、その者が逮捕されたら、その土地の町役人の過失と見なす」

さらに、わずか二〜三か月後の享保八年二月二十一日には、心中そのものも禁止した。

「一、男女が申し合わせて『相果』てた場合には、その『死骸取捨』、もし片方が『存命』していたら『下手人《げしゅにん》』とし、死骸を『弔候事』(かつぐこと)も禁止する。もし双方が『存命』ならば、『三日晒し』のうえ、身分を下げる。

一、このたぐいの『絵双紙』や『かぶき狂言』を作ることも禁止する」

心中が流行るから、それをネタにしたかわら版などの読み物が増える。それらを読んだ男女が心中に走る。どちらも禁止してしまえ、というのが幕府の論理だったのだ。

もし心中に失敗して「三日さらし」になるのならやめよう、と思ったかどうか。心中まで考えている者は失敗したときのことまで考えていないはず。いま、こんな法令を出したら人権問題で騒ぎになるのは必定だ。

葵の御紋はいかなる場合も使用禁止

拝領仕候者之妻子は格別、其の外は一切着用仕間敷候、【享保八年】

「いちばん有名な家紋はなんでしょう」と問えば、おそらく十人が十人、「葵《あおい》の御紋」と答えることだろう。

江戸時代の「肩書詐称」でいちばんタチが悪いのは、「葵の御紋」を用いることだ。「葵の御紋」を用いた事件は、実際にいくつかあった。

ひとつは「天一坊《てんいちぼう》事件」。紀州生まれの宝沢という男が「徳川天一坊」と名乗り、ときの八代将軍徳川吉宗の御落胤《ごらくいん》を詐称した事件。大岡忠相《ただすけ》の名奉行ぶりを讃《たた》える架空の話だが、モデルとなっている有名な事件は、享保十四年（一七二九）に起きた「源氏坊改行《かいぎょう》事件」。幕府の公式記録『徳川実紀』同年四月二十一日条によれば、「改行」という修験者が「源氏坊義種」と名乗り、『いつはりて当家の御一族』といい、近いうちに大名になる予定だといい、多くの『無頼の処士』を騙《だま》し、『愚民を眩惑』し、金銭を徴収した。

もうひとつは、俗に言う「葵小僧」事件。寛政三年（一七九一）春、三つ葉葵の紋のついた着物を着た「徳川将軍の御落胤・葵丸」を自称する盗賊を首領とする者たちが暴れまわっていた。一夜のうちに、豪商を何軒も襲っては、莫大な金銀を奪い去り、少女から大年増《おおどしま》で、女であれば凌辱《りょうじょく》した。幕府は、町々の木戸を閉じさせたうえで、火付盗賊改以外にも出動を命じたが、それでも捕まらなかった。なぜなら、三つ葉葵の紋所の入った提灯《ちょうちん》を先頭に、徒侍《かちざむらい》・仲間《ちゅうげん》、行列槍、挟み箱という物々しい行列を従えた、やはり三つ葉葵の紋所入りの大名駕籠のなかに「葵小僧」がいたからだ。「葵小僧」は「葵紋」を利用して、木戸木戸を抜けて、堂々と強盗殺人を繰り返していたのだ。この「葵紋」の行列を怪しいと睨《にら》んで、捕らえるのに成功したのは、かの有名な火付盗賊改長谷川平蔵。

「源氏坊改行事件」の六年前、「葵小僧」事件の五十年ほど前の享保八年（一七二三）二月七日に、こんなお触れが出された。

「山名左内という浪人が、『葵御紋』を衣類に縫いつけて、巧みに金品を騙し取って昨年十二月に死罪となった。『葵御紋』を衣類につけるような心得違いがあってはいけない。お上から拝領された者以外は、『葵御紋染』はもちろん、『縫紋』であろうと『織物』であろうと、『蒔絵』などの道具にいたるまで、いっさい用いてはならない」

幕府にとって、「葵紋」を詐称されるほどメンツを潰されることはなかったのだ。

だから「山名左内」という浪人を見せしめにして犯行を未然に防ごうとしたわけだ。

いまならば葵小僧のような盗みを働く者はいないだろうが、「旧華族」などと名乗って詐欺をしたり、「有名人も使っています」といって怪しい通販グッズを売るようなものだ。

人相書　この賊の情報を求む！

【延享三年】

右之者、悪党仲ケ間ニ而は異名日本左衛門と申候、

いまでこそ、指名手配のポスターには顔写真がついていたり、似顔絵が描いてあったりするが、江戸時代は、どうだったのか。

お触れとして出された「人相書」（「指名手配書」）は数多くあり、その犯行内容は殺人と強盗が多い。

なかでも有名な人物の指名手配書の一部を、そのまま紹介しよう。

延享三年（一七四六）十月に出された盗賊「日本左衛門」のものだ。見開き行数に納めるために改行を詰めてある。

「人相書之事　十右衛門事　浜島庄兵衛」としたうえで――。

「一、せい五尺八九寸程、小袖くしらさしニ而三尺九寸。一、歳《とし》弐拾九歳、見かけ三拾壱弐才ニ相見《あいみえ》候。一、月代《さかやき》額濃ク、引疵《ひききず》壱寸五分程。一、色白ク、歯並常之通。一、鼻筋通り一、目中細ク。一、皃《かお》おも長なる方。一、衿右之方江常ニかたぎ罷在《まかりあり》候。一、ひん中ひん、中少シそり、元結《もとゆい》十程巻。一、逃去候節着用之品。こはくひんろうし綿入小袖。但《ただし》、紋所丸之内ニ橘。下ニ単物萌黄《もえぎ》紬、紋所同断、同白郡内ちばん。一、脇差長弐尺五寸。鍔無地ふく

りん金福人模様。さめしんちう筋金有。小柄なゝこ生物いろいろ。かうかい赤銅無地。切羽はゝき金。さや黒、小尻ニ少し銀はり。一、鼻紙袋、萌黄らしや。但、うら（裏）金入。一、印籠。但、鳥のまき絵」

「右の者は、悪党仲間のうちでは異名『日本左衛門』という。見かけしだい留め置き、代官、地頭に申し出ること。江戸から京都・大坂の奉行所にも通達すること」

原文でわかりにくいかもしれないが、背丈だけでなく、実際の年齢と見た目年齢、着ているもの、持っているもの、顔立ちの特徴まで、事細かに伝えている。ほかの人相書でも同じ程度か、それ以上に詳しく特徴を文書で伝えている。

日本左衛門は本名を浜島庄兵衛と言い、もとは尾張藩の下級武士の子。遠江国《とおとうみ》を中心に諸国を荒らしまわり、江戸から火付盗賊改の徳山秀栄が派遣された。日本左衛門は、このお触れが出されて三か月後の延享四年一月に京都で自首し、三月に処刑され、その首が遠江国で晒《さら》された。「日本初の全国指名手配犯」との見方もある。ちなみに日本で初めて顔写真で指名手配となったのが佐賀の乱の江藤新平。

日本左衛門の場合を見ても、捕まったのではなく自首だった。人相書を見た庶民もすぐに特徴を覚えられるわけはない。だが人相書が出回ることで、下手人に「もう逃げられない」と思わせるという効果はあったはずだ。

乱暴者を見て見ぬふりするな

右体狼藉致し候者於有之は、早速召捕置、奉行所へ召連可出候。

【天明八年】

いつの世でも「悪党」はいるもの。

江戸の町々でも、フツーに生活している人たちが迷惑をこうむっていた。

天明八年（一七八八）五月に出されたお触れでは――。

「町々に悪党たちがはびこり、立ち売りの商人たちに喧嘩をしかけて屋台や商品を打ち壊し、または商家へ出向いて理不尽な言いがかりをつける。いかにも恨みがあって酒を飲んで暴れているかのごとく、屋内の建具や道具を壊し、あるいは仲裁役などといって仲間を引き連れてきて、あげくのはてに人を傷つける。そんな者たちが最近は多い。まったくもってけしからんことだ。このような者たちは周囲の人に迷惑をかける不届者たちだ。たとえ酒を飲んだうえのことであったとしても、きっと取り調べ、処罰すべきで、放っておくわけにはいかない。その者たちが、店を構えているような者、召使い、奉公人であったとしても町役人が申し聞かせ、それでもなお乱暴狼藉をやめない者は召し捕らえて奉行所に召し連れよ。もし手に余るようならば、すぐに訴え出なさい。捕り方を使わして召し捕らえ、取り調べをする。もしそのような悪党を見逃した結果、見つかるようなことがあれば、その悪党の周囲の者も処罰を受けることになる」

もし乱暴者がいても「見て見ぬふりをするな」ということだ。

お触れに書かれる「悪党」の犯罪は、それだけではない。

元禄七年（一六九四）十一月に出されたお触れでは――。

「町中にて、女性や子供をとらえて、下々の者と嬲《なぶ》ったり、からんだり、あるいは酒に酔って不作法なマネをする者がある。町人は言うにおよばず、武家であろうとその奉公人であろうと、その場で捕らえて、奉行所に連絡しなさい」

時代劇を見ていても、女性などをからかって、そこに主人公があらわれて窮地を助けるようなシーンがあるが、そんな「悪党」、乱暴狼藉者は多くいたのだ。もちろん、放っておけば、からかうだけではなく、手込めにする、レイプなども多かったにちがいない。

だからといって、こんなお触れを出したところで、時代劇の主人公のように、目撃した町人たちが、すぐに召し捕らえることなどできるものではなかっただろう。そんなことをすれば次は復讐が待っているかもしれないわけで、お触れが出たからといって、「わかりました。捕まえます」とはいかない。

現代では一一〇番通報すればいいが、電話のない江戸時代には自身番に走らなければならない。時代劇のように、同心や岡っ引が偶然通りかかることもなかったはずだ。

役人を装った「ゆすり、たかり」に気をつけよ

町方にて町奉行所組之者、或は家来抔と申、ねだり事申候者、【享保二年】

江戸には、いろいろなかたちの「ゆすり」「たかり」があったが、なかでも卑劣で許せないと思えるのが役人を装う者たちだ。

天明八年（一七八八）七月のお触れでは――。

「近頃、『似せ役体之者』が徘徊して、往来の者を捕らえて自身番に連れて行き、身体を改めるふりをして、懐中の者を盗み取ったり、『酒食金銭』の無心をしているという。もし、そんな怪しい者を見受けたならば、すぐに月番の奉行所へ召し連れて訴え出なさい。もしホンモノの役人と間違えても咎めたりはしない。これらの者に『酒食金銭』を与えても見逃したりしたら処罰の対象になるので注意しなさい」

これら役人のなかでも厄介なのが「町奉行所」の者だと肩書を詐称する者だった。

享保二年（一七一七）六月のお触れに、はっきりと書かれている。

「町のなかで『町奉行所』の『組之者』、あるいは『家来』などといって、（金銭などを）ねだる者がいると聞く。番所といっても、そこにつねに『目明かし』一人いるわけではない。もし、そんな者がいたら、すぐに月番の番所に召し連れなさい。だが、なかには訴えたら町

内に騒ぎになると思って、内々に事を済ます者がいるが、けしからんことだ。これからは、似せ者はもちろん、ほんとうに『組之者』『家来』であっても、ねだりがましいことをしたり、ちょっと借りるぞ、などのこともしてはならない。すぐに召し捕らえて訴え出なさい。もし内々に事を済ました事実が後日わかったら、本人だけでなく、家主、五人組、名主も処罰されることになる」

このお触れで見逃してならないのは、町奉行所の同心たちが賄賂を受け取っていた事実を、お触れのなかで幕府も認めていることだ。

そんな同心たちがいるからニセ者も出てくる。「ゆすり」「たかり」を取り締まるべき立場の町奉行所の『組之者』『家来』が「ゆすり」「たかり」をしていたのでは、さすがに幕府のメンツが丸つぶれなのだ。

もちろん、このお触れが出た直後は多少の効果があったかもしれないが、なくなることはなかったはずだ。「ゆすり」「たかり」をする者は、手を変え品を変えて金品をむしり取ろうとするものだ。

いまも昔も「公務員」だからこそ、より襟を正していなければならない。「公務員」を騙《かた》ってもいけない。

金品を受け取らない、金品を渡さない、だ。

庶民のための盗賊捕縛心得

弥盗賊に候はば、召捕候共、打殺候共、可致候。【寛政三年】

江戸市中に跳梁跋扈する盗賊を捕らえるために、幕府は江戸市中の人々にどんな指示を出していたのだろうか。

寛政三年（一七九一）四月六日、このようなものが町奉行に令せられている。

「一、夜中には町々の木戸を刻限を守って締めきり、ちゃんと理由がある者の往来には支障なきようにし、怪しい者が通ろうとしたときには木戸を締め切って通行の理由を糺し、もし、それが盗賊であるのなら、召し取っても、場合によっては打ち殺してもかまわない。みだりに拍子木や鐘を打ち鳴らすような騒々しいまねをしないように。

一、夜中に、よんどころなき用事があるときは別にして、できるだけ使いなども出さないようにすること。

一、盗賊が入ったときには、捜査の手がかりのためにも、すぐに奉行所に届け出ること。

一、盗賊を召し捕らえた者は、手がかりとするため、不審者を取り調べたときには記録として書き残して『印封』し、町役人ではなく奉行所へ差し出すこと。

一、盗賊のことについては、とりとめもない噂話を流さないようにしなさい。もし、みだりに噂話を流している者がいたら、きっと処罰する。
一、このところ盗賊があちこちに入っていると聞く。もし見つけて召し捕らえることが難しかったらそのままにして、届けること」
この内容が、そのまま町年寄、名主、家主を経て、町じゅうの人へ伝わっていたはずだ。

盗賊は夜中に仕事をするものだから、夜中はできるだけ出歩かず、木戸では怪しい者は通さず、なにがあっても、すぐに奉行所に届け出よ。捕縛にあたっては、けっしてムリはするな、という内容だ。

このお触れが出されたときは、かの有名な長谷川平蔵は火付盗賊改の任期の最中だった。平蔵が火付盗賊改だったころ、町人たちにとって盗賊がいかに怖い存在だったかがわかる。

現代でも、民間人が泥棒を捕まえれば話題になるほど、素人が対応するのは難しい。凶器を持っている可能性があるからだ。

だが江戸時代のように、これだけ「みんなで町を守れ」という意識があれば、それだけ防犯意識も高まる。悪いことではない。

ちなみに、長谷川平蔵が火付盗賊改だったのは、天明七年（一七八七）九月十九日から翌八年四月二十九日、天明八年九月二十八日〜寛政七年（一七九五）五月十七日の二期、およそ計七年間にわたる。

橋の上から石を投げるな

当夏中より川内往来之船へ、夜中橋上より石を打候者有之由相聞候に付、右不届致し候者召捕、【文化六年】

江戸時代に出されたお触れを見ていると、「こんなものまで?」と思うものがある。いわゆる軽犯罪と思われるものだ。

たとえば文化六年(一八〇九)八月に出されたものは――。

「この夏のうちより、川を通行する船に向かって、夜中、橋の上から石を投げる者がいると聞いている。そんな不届きなことをした者がいたならば召し捕らえて取り調べる。盗みなどをするつもりがなくとも、船の通行の邪魔になるので、処罰の対象となる。なお、捕まえようとして逃げる者も、石を投げるのと同じような悪事をした者も同罪。川筋や橋を守る番人は言うまでもなく、橋の周辺の町々でも気をつけ、見つけたら捕らえ、見逃すことのないように」

おそらく漁師か、もしくはゴミを運ぶ船の者たちか、だれかから文句が出たのだろう。昼間、子供が遊び半分で石を投げているのならわかるが、夜だ。どんな目的で石を投げているのか理解に苦しむ。ただの酔っぱらいがやっていることなのかもしれない。

また、釣りに関する禁止令も出ている。

享保二年（一七一七）四月のもの――。

「『浅草川筋牛御門祠前』の高札場より『上豊島村』高札場までのあいだで釣りをしてはならない。もし違犯したら、本人はもちろん町役人まで処罰する」

また享保十三年五月二十二日にも――。

「最近、『市谷』『牛込』の城溝で釣りをしている者があると聞く。『ここで釣りをしてはならない』と高札で注意してもやまないため、以後、違犯した者を処罰する」

いまでは皇居の堀で釣りをする者はいないだろうが、右の例では、江戸城周囲でなくとも釣りを禁じている。漁師でなければダメということなのだろうが、それだけ、釣りをして釣果《ちょうか》を夕餉《ゆうげ》のおかずにしていた者が多かったということだ。このへんの釣り事情も現代と変わらない。

いまでも橋を通ると「ここで釣りをしてはいけません」という看板が立っていたりする。江戸時代であれ、現代であれ、石を投げるにせよ、釣りをするにせよ、川や濠《ほり》を行き来している船の交通の邪魔になる。

江戸時代の江戸は、いまでは、ほとんどが埋め立てられているが、堀、運河が多く、ヴェネチアさながらの「水運都市」だった。物資はほとんど舟で運び込まれ、水上には多くの舟が行き来していた。それだけ幕府も気を遣っていたというわけだ。

町人風や武士風の者の無銭飲食に用心せよ

共儘にいたし候間、おのづから悪者共追々増長致し候様成行、【文政七年】

いつの世にも存在する「ゆすり」「たかり」。江戸の町中には「ゆすり」「たかり」をする、あらゆる者がいた。

文政七年（一八二四）五月のお触れによれば——。

「近年、町々の商家へ、『町人体』または『侍仲間体』の者が来て、酒食し、商品を買っても代金を払わず、あるいは、『貸せ』といい、断るとごねて、立ち去らず、言いがかりをつけ、商いのさしさわりになる者がいる。商家に迷惑であるうえ、けしからんことだ。だが被害を受けた者たちは、訴え出たら復讐されるなどと思って、そのままにしている。そんなことをしていたら、『悪者共』は増長していくばかりだ。内々に事を済まそうとする者もいると聞く。これからは、きちんと捕らえ、被害者と家主で奉行所へ訴え出ること」

「ゆすり」「たかり」をするなかには、あらゆる「職業」の者がいた。

元禄十四年（一七〇一）九月のお触れでは「座頭、瞽女《ごぜ》（三味線を弾き、唄を歌って金銭を得る目の不自由な女性）」が祝儀と称して過分の金銀をねだっていること、安永三年（一七七四）一月十九日のお触れでは「虚無僧《こむそう》」の姿で村々を徘徊して宿を求め、ものをねだり、銭をかすめ、暴力を振るっている者がいること、同年十月二十八日のお触れでは、「座頭、瞽女」だけでなく「旅僧、修験《しゆげん》」の者まで同じように「ゆすり」「たかり」をしていることを注意している。

また天保十二年（一八四一）十一月十九日のお触れでは、こんな「医師」がいることも注意している。

「近頃の医師のなかには、身なりも悪く、病人のいる家に往診するたびに、『酒料』または『弁当代』といって金銭を受け取っている者がいると聞く。症状によらず、往診を頼まれた時間、『風雨』といった天候によらず、差別せず治療をしなければならない。病人のいる家の者が『心付』から『供方之者』たちへの『手当』を受け取るのはかまわないが、『供方之者』が逆にねだるのは筋違いである。そんなことをしていたら、貧しい者が治療を受けられなくなってしまう。『供方之者』のほうからねだるなどというのは、家来たちへの監督不行届である。以後、このようなことがないように」

袖の下がなければ治療してもらえない、往診もしてもらえなくなる、では庶民はたまったものではない。だが世の中から「ゆすり」「たかり」がなくなるわけではない。このようなお触れを読んだ庶民に、こんな連中がいることを知らしめることはできても根絶はできない。もしいま、こんな医者がいたら訴えられて、医師免許を取り上げられかねない。

【嘉永六年】

頃日世上物騒之趣相聞候は、多分右之者共仕業に候間、

このたび賊を逮捕！　見せしめとする

いざ、盗賊が捕らえられた場合、江戸の庶民が知ることはあったのだろうか。

徳川家定が十三代将軍になった嘉永六年（一八五三）の十二月二十四日に出されたお触れを見ると、その様子がよくわかる。

「一、去る九日に触れておいたとおり、江戸の町のあちこちに盗賊が押し入り、金銭を奪っている者がいると聞こえていたが、取り調べのうえ、『無宿京都入墨』藤吉ほか三名を、このたび池田播磨守の組の者が召し捕らえた。吟味したところ、町家百三十七か所へ押し入り、そのなかには人を傷つけて強盗に及んだことを白状した。このごろ世間を騒がせていた事件は、おそらく、この者たちのしわざであろうと思われる。だが、このうえ強盗するような者が現れたら、これまでのお触れにあるとおり、打ち殺してもかまわない」

まずは江戸じゅうで噂になっていた事件が解決したことを述べ、だれが捕らえたかを明白にし、さらに犯罪が起こることを予防する内容になっている。

現代では、捕まったというニュースが流れることはあっても、見つけたらどうしろ、という指導まではしていない。一一〇番通報するのが関の山だ。

では盗賊が捕まったら、どのような処罰が待っていたのか。

明和七年（一七七〇）一月の段階では「十両以上盗んだ者は死罪」としていたのだが、そのわずか半年後の六月には「合計十両以上盗んだ者も死罪」と改めた。

つまり「一回の盗みが十両に満たなきゃ死罪にならねえんだろ」と高をくくって、「追々小盗」する者がいるため、余罪もあわせて合計十両になれば死罪にするとしたのだ。一回十両と合計十両では、かなりちがう。

世間を騒がすように大泥棒、大盗賊でなくても、ちょこまかと盗んでいた者も、捕まって余罪も発覚し、合計十両盗んでいたことがわかれば死罪なのだ。

ちなみに江戸時代でいちばん有名な盗賊「鼠小僧次郎吉《じろきち》」は、天保三年（一八三二）八月十九日に浅草で獄門に処せられている。

一般には、御三家をはじめとする大名家から莫大なカネを奪って、貧しい長屋くらしの庶民にバラまいた「義賊」とされる。だが実際は、盗んだ三千百二十一両二分はすべて「飲む・打つ・買う」で使ったといわれる。また三千百二十一両二分は、被害に遭った大名家が「うちは〇〇両だ」と見栄を張り合って水増しされた金額との見方もある。「金一両＝十万円」とすると、三億円以上なのだ。ひとりで使い切れる金額ではない。ちなみに鼠小僧次郎吉は武家屋敷を狙っていたため、庶民へのお触れには登場してこない。

第三章　災害救助

——緊急事態！　御触書が問う、時の幕府の真価

明暦の大火　乗じる暴徒に用心せよ

又こたびの火災により。火賊あるは奸計もて悪事を托する者あらばうたへ出べし。
【明暦三年】

「火事と喧嘩は江戸の華」といわれるほど、火事は江戸の「名物」だった。

木造建築で、狭い都市、それも下町に町人たちが密集していた。いちど火事が起きれば多くの家が失われ、たくさんの人が命を落とした。逆に、材木をはじめとする必要物資が地方から江戸に送られて経済が成長するという皮肉な結果も呼ぶことになった。

天和二年（一六八二）十二月二十八日の、俗に八百屋お七が放火したとされる「お七火事」、「めいわくどし」だからと改元のきっかけになった明和九年（一七七二）二月二十九日に起きた「目黒行人坂《ぎょうにんざか》の大火」と並ぶ、いや、江戸時代でいちばんの被害を出したのが明暦三年（一六五七）一月十八日に起きた「明暦の大火」（別名「振袖火事」）だ。

午後二時ごろ、本郷の本妙寺から起きた火事は、あっという間に燃え広がり、翌日午前十一時すぎには小石川伝通院《でんづういん》近くから、ふたたび出火、江戸城天守閣も燃え落ちた。江戸の三分の一を焼き、死者十万人を出した。

この火事のあと、幕府は、火事の後始末に大わらわだった。

とくに火事場泥棒、火事のどさくさにまぎれての殺人などへの対処をお触れとし、高札に掲げている。

たとえば、一月二十六日には「このたびの火災により、『火賊あるは奸計もて悪事を托する者』あれば訴え出なさい。『褒金二十枚』を与える」とし、二月二十日には「『火賊』が徘徊し、物を盗み、あるいは人を殺していると聞く」と記したうえで、「人家に火を放つ者があれば訴え出なさい。たとえ仲間であってもその罪を許し、『褒金三十枚』を与える」と放火犯の密告を推奨している。さらに翌二十一日にも、同じく放火犯の密告を勧めるお触れを出している。同じ二十一日のお触れでは「火事場で『金銀諸道具』を拾った者はすぐに奉行所へ持参すること。もし隠し持っていることをほかの者に訴えられたら処罰する」とし、火事場泥棒の密告も推奨している。あくまでも「拾った」と表現しているところに注意したい。「拾った」ものを隠したら「盗んだ」ことになるわけだ。

現在では出火し、一一九番通報されるとすぐに消防車・救急車が駆けつけ、現場には見張りが立って、野次馬が近づけないようにしているから火事場泥棒は入れない。だが江戸時代は一軒だけが燃えて終わりはしなかった。延焼し、町中が大騒ぎになるのだ。それだけ火事場泥棒が横行しやすかったのだ。

火事が起きたあとの、多くの注意事項をお触れとして告知したものについては次項以降で取り上げたい。

延焼防止　指定区域は道を広げよ

跡々相改、道幅相極め、抗を打置候所は、【明暦三年】

「禍《わざわい》転じて福となす」ということわざがある。大きな火事が起きたときには、二度と大きな被害を出さないための対策を講じなければならなかった。

明暦の大火（144頁）のあと、幕府は新たな江戸の都市計画を実行している。火除《よ》け地を増設し、火除け堤を設置し、大名屋敷を増やし、寺社の多くを郊外に移転させた。火除け地というのは延焼を避けるための空き地のこと。

また幕府が実施したものに道路拡張がある。明暦の大火から二～三か月後の明暦三年（一六五七）四月、幕府はこんなお触れを出している。

「一、幕府が道幅について検査した結果、杭を打って指示した地域については京間五間あるいは六間とすること。とくに『日本橋通町』は田舎間（江戸間のこと）十間、『本町通』は京間六間とすること。それらの地域で家を建てる場合は庇《ひさし》を作らないこと。これまでお触れで申したとおり、家の外の『釣庇』の幅は三尺として、庇を支える柱をつけないこと。ただしオモテの下水に関しては、簀《すのこ》の蓋《ふた》で覆うこと。以上、規則をこえて、家の外に張り出すようなものを作ってはならない。

一、今回検査対象にならなかった土地は、近いうちに調べるので、道路の角に建つ家の者は表・裏の境目、近所の者立ち合いのもとで隣との境目も決めて杭を打っておくこと。家を建てる場合には、長屋は言うまでもなく、裏店も居宅も三間梁《はり》より大きいものにしてはならない」

田舎間＝柱間六尺（約百八十二センチ）＝一間

畳割り　五尺八寸（約百七十六センチ）×二尺九寸（約八十八センチ）

京間＝柱間六尺五分（約百九十七センチ）＝一間

畳割り　六尺三寸（約百九十一センチ）×三尺一寸五分（約九十六センチ）

「田舎間十間」の通りは幅約十八メートル、「京間六間」の通りは幅約十二メートルの通りということになる。

また「釣庇」とは町屋の軒から張り出したもので、その下をアーケードのように歩くことができた。だが柱を建てると、道路が狭まり、火事避難のときに邪魔になるからダメだといっているわけだ。

幕府が道路を広げるのはともかく、家の建て方にまで口出しをしているわけで、江戸っ子たちも「なんでぇ！」だっただろうが、「火事を起こさないため」という大義名分があったので仕方ない。これだけ検査をするといわれたら従わざるをえない。

災害つづきの昨今、米や麦を買い占めるな

買置しめ売一切仕間敷候事
相違於在之は可為曲事者也

【天和元年】

少しでもモノが不足すると、人は自分勝手に買い占めたがる習性がある。読者のなかにはオイルショックのときのトイレットペーパー騒動を思い出す人もいるかもしれない。

徳川綱吉が五代将軍になった延宝八年（一六八〇）の夏、日本各地が水害に見舞われた。七月に越中国富山、八月に陸奥国弘前、出羽国米沢、閏八月に伊賀国、江戸……。さらに同じ閏八月十四日、十五日に江戸で火事があり、弱り目に祟《たた》り目。

この結果、江戸市中で起こったのが米不足だった。

幕府は翌天和元年（一六八一）一月二十七日、京都と大坂の米穀貯蓄の検査を命じたのにつづき、一月二十九日、江戸市中にこんなお触れを出した。

「　米　麦　大豆

一、右の品々は、町中の諸問屋・諸商人、そのほかの業者であっても、買い置きをしているもの、自分の蔵、借りている蔵に置いてあるものを残らず、明日二月一日より在庫を点検し、石高・俵数を記録して報告しなさい。ただし点検の最中に買い求めてくる者があれば売却すること。また点検している最中に、諸国から運び込まれてきたら、名主および五人組と

相談のうえ記録して報告すること。これもまた売却するのは自由とする。
一、前々からお触れを出しているとおり、買い置き、買い占めはいっさいしてはならない。
一、各所の蔵へ役人を差し向けるので提出する石高などの記録はまちがいのないように。違犯した者は処罰する」

売却する分についてはいっこうにかまわない、とあるから江戸市中がかなり米不足だったことがわかる。あとで役人を差し向けるからウソの申告をするな、と釘《くぎ》を差しているあたりも、とても現実的だ。これだけ細かい指示を出さなければならなかったということは、やはりそれだけ在庫を隠し、ウソの申告をする業者が多かったということなのだ。このお触れを出したところで、買い置きする者はいるだろうし、買い占めする者もいただろう。

幕府は、業者が買い置き、買い占めすることで「米・麦・大豆」の値段が吊り上げられるのを、いちばん恐れていた。とくに江戸時代は「米経済」だったから、幕府は米の値段には敏感だった。幕府の物価政策については168頁で触れるが、まずは「業者たちも協力してくれ」というわけだ。

現代では、どんな大型の台風が上陸して被害を受けても、米不足、小麦不足などが起きることはない。在庫管理もしっかりできているし、江戸時代のように一〇〇パーセント自給自足でもないからだ。

火事のときは身ひとつで逃げなさい

車長持自今以後可停止、并車長持致置商売仕間敷候、

【天和三年】

時代劇などを見ていると、火事が起きたとき、大八車に家財道具を乗せて逃げているシーンを見ることがある。そのまわりを、身体ひとつで逃げている人もいる。子供の手を引いている女性、赤ん坊を抱きかかえている女性……。

だが幕府は、火事のときに大八車で逃げることを禁止していた。

天和三年(一六八三)一月十九日、幕府はお触れのなかで、こう書いている。

「一、火事のときは『地車《じぐるま》』ならびに『大八車』に荷物を積んで逃げてはならない。

一、『車長持《くるまながもち》』は以後用いてはならない。ならびに『車長持』を使っての商売もしてはならない」

「地車」は重い荷物を引く四輪車、「大八車」は荷物運搬用の二輪車。「代八車」とも言い、八人分の仕事の代わりをするという意味。「車長持」は底に車輪をつけた大型の長持のこと。長持は、衣類などを納めた長方形のフタのある大型の箱。

もちろん、こんなお触れが出されたのは、火事が起きてみんなが逃げているときに往来の真ん中に大八車などがあると、ほかの人たちの妨げになるからだ。

いまでいえば、災害のときに自家用車で逃げてはならない、と言っているようなもの。禁止しているということは、それだけ荷物を運び出そうとする人が多かったことを意味している。荷物を持って逃げたいのも人情だが、まず大事なのは身体。ひとりでも多くの人が逃げられるようにすること。

また大きな火事が起きたとき、川のほうに逃げたあと、どうするか。まして橋すら、焼け落ちてしまったら……。

元禄十六年（一七〇三）十一月二十五日、関東を大地震が襲った四日後、小石川の水戸藩邸から出火。本郷から神田、上野、下谷、浅草、さらに両国橋まで焼け落ちて本所まで被害が及んだ。このあとの十二月十一日、幕府はこんなお触れを出した。

「火事のとき、両国橋、新大橋、永代橋のきわに、幕府の『御船手』の面々が繰り出し、逃げまどう者、『諸道具』などを船で渡すこと」

もちろん、この「諸道具」は庶民の家財道具ではないのだろう。

関東大震災のとき、炎から逃げまどい、川で溺死した人が多かった。

江戸時代も同じはずだ。その教訓から幕府はこのお触れを出したのだろうが、わずかな船に乗ろうと先を争うことになるわけで、どこまで根本的な解決策になったかは、わからない。

うんとんそは切其外何によらす、火を持あるき商売仕候儀、一切無用ニ可仕候、【貞亨三年】

防火上、蕎麦、うどんの屋台を禁ず

江戸の冬の風物詩といえば――ちょっと想像してみてほしい。

筆者が想像するのは屋台の二八《にはち》蕎麦屋。

時代劇『鬼平犯科帳』のエンディング、ジプシーキングスの「INSPIRATION」が流れる背景では江戸の四季のうつろいが映し出されるのだが、その最後で冬、湯気を上げる二八蕎麦屋が出てくる。

屋台で江戸っ子が、かけ蕎麦を啜《すす》っている――あのイメージだ。

ところが幕府は、貞享三年（一六八六）十一月に、こんなお触れを出している。

「一、うどん、そば、そのほか、『火を持あるき商売』をいっさいしてはならない。『居ながら』の煮売り、焼き売りはかまわないが、それでも火の元にじゅうぶん気をつけること。もし『火を持あるき商売』をする者がいれば、本人は言うにおよばず、家主も処罰されることになるぞ」

幕府にとっては、火事の元となる「火の気」がいちばん怖かったのだ。

だが屋台のうどん屋、蕎麦屋にすれば、たまったものではない。かけ蕎麦にしても、もり蕎麦にしても、麺は茹《ゆ》でなければならない。もり蕎麦の出汁《だし》は作り置きを容器に入れておけばいいが、かけ蕎麦の汁《つゆ》はアツアツでなければ意味がない。

寛政十一年（一七九九）四月のお触れでも「『蕎麦切』は言うにおよばず、『火を仕込み』夜持ち歩く商売はいっさいしてはならない」とあるから、江戸を通してダメだったことがわかる。それとも「屋台を運んできて定位置で商売しているわけだから『火を持ち歩』いているわけじゃねえ。ここで火をおこしているし、ここで火を消して帰《けえ》るんだ」とでも言って商売していたのだろうか。いずれにせよ、このお触れはぜんぜん守られていなかったのは想像に難くない。取り締まる側の八丁堀の同心たち（１００頁）も屋台で蕎麦を啜っていただろうし……。

木造建築しかない江戸時代と現代では比べようもないし、いまは消火器も普及しているから、こんな法令が出されることもない。

ちなみに「二八蕎麦」の「二八」の語源は、蕎麦粉八割・小麦粉二割だからという配合説、蕎麦の代金が「二×八」で銭十六文だったから、という二説がメイン。江戸っ子は、こんな語呂合わせが好きだった。

江戸で「麺」といえば蕎麦が主流になったのは、どうやら寛延年間（一七四八〜一七五一）ごろではないかという。

富士山大噴火！　被災者を救え

去冬武州、相州、駿州三ケ国之内、砂積候
村々御救方之儀に付、【宝永五年】

いまから約三百年前の宝永四年（一七〇八）十一月二十三日、富士山が噴火した。駿河・甲斐・相模の三国は灰が数尺積もり、田畑の被害は甚大だった。江戸も、灰によって太陽の日が差さなくなり、昼間でも燭台の火がなければ本も読めないほどだったという。つまり武蔵国も被害は大きかったのだ。

もちろん地震の被害も大きく、駿河国富士郡では家屋がほとんど倒壊。地震と降灰は二十七日になっても止むことがなかった。宝永山ができたのは、このときのことだ。

幕府は、翌五年閏一月三日に、お触れを出した。

「武蔵・相模・駿河の三か国内は、去年の冬から砂が積もっている村々のうち、被害甚大な私領は、領地替えをしてもかまわない。詳しくは荻原近江守重秀まで相談のこと」

これは右記三か国内に領地を有する大名・旗本に対してのもの。ここに被害の大きい甲斐国が含まれていないのは、甲斐国のほとんどが天領、ないし、譜代大名の領地だったからだろう。

この「領地替え」は良い施策だったといっていい。

年が明けた宝永五年閏一月七日、幕府は全国にお触れを出した。

「武蔵・相模・駿河の村里を救うために、各国に『役金』を命ずる。百石《こく》につき金二両ずつの割り当てで上納するように。領地が遠くにあり、カネを集めるのに時間を要するのであれば、万石以上は三月までに、万石以下は六月までに納めること。五十石以下の石高《こくだか》の低いもの、寺社領は免除する」

困ったときはお互いさま、というわけだが、はっきり言って莫大な増税だった。百石につき金二両、ということは、一万石で金二百両、十万石で金二千両、百万石だと金二万両だ。尋常な数字ではない。

このときに集まった総金額は、およそ金四十八万八千余両。「金一両＝十万円」で換算すると四百八十八億円にのぼるのだ。尾張藩（六十一万九千五百石）・紀伊藩（約五十五万五千石）には及ばないが、水戸藩（三十五万石）の石高よりも上。

ちゃんと有効利用されればよかった。だが、幕府はこのうち十六万両を灰除けに用い、剰余金三十二万八千余両は幕府の歳入としたというが、実際の剰余金は金六万両のみで、残りの二十六万八千余両は荻原重秀ら幕府要人が着服したともされている。

社会保険庁など、現在の官庁の着服さわぎどころではない。ケタがちがう。いまの財務大臣が堂々と公金を着服するようなもの。どれだけいいかげんだったのか……。

路次之口も戸斗ニ致、上ニ鴨居等之物仕付候儀無用ニ可仕候
【享保四年】

路地に屋根をふかないこと

火事が起きて怖いのは、延焼や、飛び火によるもらい火だ。ことに木造家屋が建ち並ぶ下町の場合は深刻だった。そこで幕府は、八代将軍徳川吉宗の治世の享保四年（一七一九）四月、こんな高札を出している。

「一、この二月の火事で被害に遭った家々は建て替えるときには路地の上に屋根をふいてはならない。仮設小屋はもちろんのこと。路地口も戸だけにして鴨居を作ってはならない。

一、被害に遭ったのち、路地に屋根を作ってはならないと言っているにもかかわらず、所によっては路地に庇を出している家もあるが、これは撤去すること。

一、この二月の火事で被害に遭った家も同様である。

一、以前に、もらい火をしたことのある家々で、路地に屋根をふいてあるところは、しばらくそのままとし、建て替えるときには右に倣《なら》うこと。

一、路地に門を建て、屋根がないとダメだという場合は、家主が図面にして町年寄に提出しなさい」

人が住むのに直接関係のない場所に屋根・庇があれば、それだけ火の粉が飛んできて、も

らい火をする可能性がある。下町の長屋には何十人も住んでいるわけで、いちどに被災すれば、多くの人が住むところを失うことになる。さらに、飛び火したところから火事が広がっていくのだ。

それだけ幕府が神経質になったのもうなずける。

江戸っ子気質の代名詞として用いられる「宵越しのカネは持たねえ」の原因は、火事だった。「火事になりゃ、どうせぜんぶ燃えちまうんだ。だからカネなんか持っていてもしょうがねえ」と。

だが、家主にとっては、長屋などが焼ければ家を建て替えなければならない。いざ建て替えるとなると、材木商（172頁）は足下を見て値上げするし、大工たち職人も高い手間賃を要求したりする。

自分の家が焼けるのは、避けたいところ。であれば、幕府のお触れにもうなずかざるをえなかっただろうと推測できる。

消火作業のレベルがまったく異なるので、現代の人たちには理解できないかもしれないが、延焼だけでなく、飛び火によるもらい火は、江戸っ子たちにとっては、それほど怖いものだったのだ。

密告奨励　放火魔情報には銀子三十枚！

一、火を付る者召捕、町奉行所へ来るべき事。
一、火を付る者の在所を知らば、早々可訴出事。【享保七年】

火事の原因が放火犯である可能性はけっこうある。江戸時代、町を焼き尽くしかねないため、放火犯を捕らえることは、幕府にとっては重要な責務だった。奉行所とは別に、長谷川平蔵で知られる「火付盗賊改」を置いたのも、そのためだ。もちろん放火犯は、捕まれば市中引き回しのうえ「火炙り」の刑に処せられた。

一方、幕府は、江戸の町民たちによる密告を推奨していた。

天和三年（一六八三）一月十九日のお触れのなかでも「放火犯を訴え出れば、その仲間であっても罪を許し、褒美をとらせる」「見つけたら捕らえて連れてくるように。見逃してはならない」「怪しいと思われる者も奉行所に召し連れよ」とし、正徳元年（一七一一）五月の高札でも同様。だが享保七年（一七二二）十一月二日、日本橋の大高札場に立てられた高札では、より具体的なお触れになっている。

「一、放火犯は召し捕らえ、町奉行所に召し連れること。
一、放火犯がどこに住んでいるかわかったら、早々に訴え出ること。
一、そうすれば褒美として『銀子三十枚』を与える。たとえ仲間であってもその罪を許して褒美をとらせるものとする。怪しい者は、不確かであっても召し連れてくること。もし放火犯を見逃したり、聞き逃したり、あとで『やはり放火犯だったのか』とわかったら処罰する」

しかも翌享保八年三月には、その成果をお触れとして出している。

「このたび本所吉田町の者が『怪しい者がいた』と捕らえて召し連れてきた。この者は取り調べたうえで『火賊』とわかった。よってお触れにあったように、捕らえてきた者には『銀三十枚褒賜』し、その町は一年間の『公役』を免除した」

享保七年に出した高札のあと、あまり成果がなく、捕らえてきた者が稀だったため、幕府は「ちゃんと訴え出れば褒美を出すんだぞ」というサンプルを示したわけだ。

この「褒美」は、明和四年（一七六七）十二月二十八日に日本橋に掲げられた高札でも「銀子三拾枚」、弘化二年（一八四五）九月二十八日に出されたお触れでも「銀子三拾枚」だった。江戸時代を通して銀三十枚が決まりだったようだ。

「火付」も「盗賊」も、ふだんは、じっと目立たないようにしているから捕まえるのが難しい。時代劇『鬼平犯科帳』で長谷川平蔵が多くの「狗」と呼ばれる密偵を市中に放って、噂話を集めなければならないほど、事前に捕まえるのは至難の業《わざ》だった。幕府が密告を推奨するのも当然。サンプルのような例は非常に稀といっていいだろう。

今度四十七組を十組に割、其の組合之内にて、風上風脇之町より馳集、【享保十五年】

大岡忠相が考えた画期的な消防体制

火事が起きたとき、いちばん頼りになるのは「一一九番」。消防署だ。

だが江戸時代初期は、江戸には火消制度というものがなく、大名や旗本は各自で消防にあたっていた。

寛永十八年（一六四一）三月三十日の桶町火事で反省した幕府は二年後の寛永二十年九月二十七日に「大名火消」を設置。明暦の大火（144頁）の翌年の万治《まんじ》元年（一六五八）九月八日には「定火消《じょうびけし》」と呼ばれる消防組織を設置した。さらに同年に、中橋から京橋までに二十三町が火消人足を出し合っていたが、それでもまだ足りない。そこで享保三年（一七一八）、町奉行になって二年目の大岡忠相が消防組織「町火消」を考案して、各町名主に設置を命じた。火事が起きたときには、風上から二町、風脇左右から二町ずつ計六町から、各三十名ずつが駆けつけることが決まり、定火消と争わないことが決められた。

それでも消防効率が悪いというので享保五年八月七日に再編成されたのが、有名な「四十七組」だ。いろは四十七文字のなかから語感の悪い「へ」「ら」「ひ」が除かれ、代わりに「百」「千」「万」が加えられ、各組の纏《まとい》や幟《のぼり》に目印として書かれた。

だが細かく分けすぎたのかもしれない。十年後の享保十五年一月、幕府は四十七組をさらに十組にまとめてグループ制にした。そのときのお触れが、これ。

「一、町中で出火したときには、風上、風脇左右の計六町より馳せ集まって消火にあたること。これまでのように心得てあたること。

一、これまでは四十七組に分けて組だけが集まり、他の組の者と混ざらない定めで、風下から人足を駆けつけさせていたが、このたび四十七組を十組に分け、その組合の内部で、風上、風脇の町から馳せ集まって火消にあたること。とくにその組合のうち風下の町は飛び火しないように防ぐこと。以後、人足の数半分で防火すること。

一、火事の隣の町の組は、町境に集まり、風向きの悪いほうに飛ばないように火の粉を防ぐこと。さらに五人組のうちの月行事ひとりが現場に向かい、火消しにあたった者の数を両奉行所へ届けること」

火消しの基本は、延焼しないように家屋を壊すことだった。町々には、水溜桶、竜吐水《りゅうどすい》（小型のポンプ消火器）が設置されていた。飛び火を防ぐのには役立つ程度だった。そこで大岡忠相は、武家屋敷だけでなく、町家にも瓦葺《かわらぶ》き、土蔵造りなどを奨励し、燃えにくい建築を奨励した。火事が起きたときに延焼やもらい火を防ぐための町火消制度の改革、そもそも燃えにくい家を建てることを推奨するなど、当時としては画期的な施策だった。

蝗《いなご》大発生で凶作！　節食せよ

今年五畿内。四国。中国に至るまで、蝗災により。
【享保十七年】

江戸時代の人々を苦しめた飢饉の原因の多くは、天候不良や台風などの災害だったが、時に「虫」が原因になることがあった。

享保十七年（一七三二）、西日本を中心とした「享保の大飢饉」と呼ばれたものだ。史料には「蝗害」とある。「いなご」と読むがイナゴとは限らない。稲につく虫のこと。この年の大飢饉は、大発生したウンカが原因とされている。

この年の暮れ、幕府は、蝗害に遭った国々に高札を立てた。

「今年、五畿内、四国、中国にいたるまで蝗災に遭い、幕府・大名の領地の農民たちには糧米が貸与された。だが被害を受けた国々が多い。また来春に麦が熟するころまで貸与をつづけるとたいへんなことになる。ゆえに、その土地でも、米穀・金銀などを蓄《たくわ》えている者が、それぞれの力に応じて協力し合い、できれば貸与しなさい。米穀・金銀を蓄えていなくとも、平年並みに生産できている者は食べるものを節約して余りを『飢民』に与えるなり貸すなりし、餓死者が少なくなるように助け合いなさい。被害の多い少ないにかかわらず、村民の糧米が乏しくなくとも、このような事態なのだから名主から貧しい者にいたるまで『飢民』と同じように食べるものを節約しなさい。余っていれば近くの『飢民』に与えるなり貸すなりし、なお余ったら貯蓄せずに売りなさい。今年、幸い被害を免れ、近隣の被害状況を見ながら、食べるものを節約しないような者は罰当たりだ。『豊凶』はその年によってちがうものだ。もし自分の地域が被害を受ければ他村から助けてもらって飢えをしのぎなさい。いま、よそに冷たくすれば、あとで痛い目に遭う。こんな『大凶』の年は国々で協力し合わないと、やっていけない。よく心して、名主たちの指導のもと、村々で『財』を集めて、飢餓で苦しむ村々を助け合うこと。糧米を貸してあげること。食事さえとれないのだ。糧米を酒・餅・麵などに使ってはいけない。買い占めも禁止する。もし助け合っていない者がいれば、名主らが検査して、代官などへ名前を報告しなさい」

まずは自分の命、家族の命だ。隣にだれが住んでいるかわからない現代とちがい、助け合いの精神があった時代とはいえ、どこまで守られたのだろうか。

この大飢饉で西日本は百七十万石余を失い、幕府は享保十八年までに金三十四万両・米四十三万余石を貸与・施しなどにあてた。

それでも餓死者は一万二千人、「飢民」は天領で十五万一千人、諸藩領で百九十七万四千人、旗本領で一万九千人を、それぞれ超えたという。ちなみに薩摩藩では甘藷《かんしょ》（サツマイモ）のおかげで餓死者が出なかった。

浅間山噴火！　災害に乗じる暴徒を捕えよ

不相加者は居宅焼払、又は可打壊など申威、張札等いたし候儀有之候はば、

【天明三年】

群馬・長野県境にそびえる浅間山が有名な噴火を起こしたのは天明三年（一七八三）七月六日夜のことだった。観光地「鬼押出し」は、このときの溶岩流の跡だ。

幕府の公式記録『徳川実紀』は、噴火の様子を克明に記録している。雰囲気を伝えるために、読み下して紹介したい。

「六日夜たちまち震動して、その山燃え上がり、焔燼《えんじん》天をこがし、砂礫《されき》を飛ばし、大石を迸することと夥《おびただ》。また山の東方崩頽《ほうたい》して泥濘《でいねい》を流出し、田畑を埋む。よりて信濃上野両国の人民流亡し、あまさへ石にうたれ、砂にうづもれ、死するもの二万余人。牛馬はその数を知らず。およそこの災にかかりし地四十里余におよぶという」

「七日　この日、天色ほのぐらくして、風吹き、砂を降らすこと甚《はなは》だし、牛の刻すぐるころ風漸々《ようよう》静まり、砂降ることとも少しくやみぬ。黄昏よりまた震動し、よもすがらやまず」

「八日　この日鳴動ますます甚だしく、砂礫を降らす。大きさ粟《あわ》のごとし。これは信濃国浅間山このほどもえ上がりて、砂礫をとばすこと夥しきをもて、かく府内まで及びしとぞ聞こえし」。

四か月後の十一月四日には、幕府は噴火後の混乱を伝えるお触れを出している。

「農村において、『徒党』した者たちが『居宅焼払』または『打壊』などをしている者がいるので、その村々、最寄りの村々の農民たちが協力して捕らえ、もし捕らえるのが難しければ、リーダー格の者の『住所、名前』などを聞き糺して報告しなさい。報告してきた者には褒美を与える。もし捕らえられなくても、名前をまちがえて報告してきても仕方がないが、私怨から罪のない者の名前を報告してきたら処罰する」

この騒動を「上州安中《あんなか》百姓一揆」という。九月末から十月中旬までつづき、その数四、五百人とも千人ともいい、自分たちが「飢民」といって富豪の家々を襲った。火事場泥棒どころではない。被害農民の一部が暴徒と化したのだ。

このお触れを読んだ人々は、たしかに戦々恐々だっただろうが、まず自分たちの生活が第一だったはずだ。自分たちに直接被害がなければ、それどころではない。

さらに十一月九日、幕府は、武蔵・上野・信濃の国々の堤防・用水・道路・橋梁にいたるまで官費で修理を行ない、土地は農民たちに任せ、カネ、米を与える旨、お触れを出した。翌年、復旧工事の助役として肥後国熊本藩が指名された。

浅間山噴火で米価は高騰し、「天明の大飢饉」に拍車をかけ、疫病が蔓延《まんえん》することになった。幕府は薬の処方にまで触れることになる（198頁）。

放火と同罪、「火の元」にならないために

以来遠方より之出火にて飛火致し、夫より焼つのり候はば、火元と同罪たるべき事　【天保元年】

だれしも火の元にはなりたくないもの。江戸時代は、火の元になった者に対しては、放火犯並みの厳しい罰が待っていた。幕府は防火取り締まりのため、延宝六年（一六七八）一月十二日のお触れで「火元は斬罪、名主・五人組は入牢」と定めた。

さらに天保元年（一八三〇）二月の町触では、火元になった場合、火元にならないためにはどうするか、について細々と「火之元之掟」を出している。前の年の文政十二年（一八二九）三月二十一日に起きた大火の影響だろう。

「一、火の元になりそうな者は、すぐに立ち退きを申しつけること。

一、風が激しい日は、とくに用事がある以外は外出せず、火を起こさないようにし、屋根のうえ、庇などに水をかけ、あり合わせの桶などに水を汲《く》んでおくこと。屋根に飛んできた火の粉を消すため、梯子、水瓶、水鉄砲などを用意しておくこと。

一、常日頃、竈《かまど》は言うにおよばす、二階の物置など、ふだんあまり足を運ばない場所も見回り、炭を消したかなども見届けて寝ること。

一、銭湯など火を焚く商売はもちろん、建具屋、米屋などはかんなくず、わら灰など、わら

を扱う商売の者は気をつけること。
一、提灯など、出火する可能性のあるものは使うたびに気をつけること。
一、普請小屋をはじめ、河岸、地面、物置など、昼夜見回ること。
一、もしあやまって火が起きたら、畳をかぶせて消し、声を出して近所に知らせること。
一、もし火事になったら、屋根のうえなどへの飛び火を防ぐことを第一に考えること。もし遠くの火事の飛び火で火事になっても火元と同罪と見なす。
一、飛び火などで火が燃え移り、近所の者で消したら、町内、隣町より褒美をとらせる。その褒美のカネは、地主たちや商人で申し合わせ、積み立てておくこと。
一、『火之番行事』は町内をたびたび見回ること。
一、風の強い日は、名主なども見回り、火元にならないようにすること。
一、常日頃、水桶にはつねに水を汲んで入れておくこと。
一、名主ら組合のうち、二、三人ずつ話し合って、互いに気をつけ、火事が起きそうなところの者に注意すること」

現代では考えられないほど、細々とした指示を出していることがわかる。それだけ火事が起こる可能性が多かったことになる。すべてを守りきることは難しいにせよ、「もし火元になったら……」と思えば、町ぐるみで努力しなければならなかったはずだ。

台風直撃！　天下の蔵米《くらまい》を大放出

格別之御仁恵を以、此度三拾五石に付、金四給弐両之積を以、御払米被仰付候間
【天保四年】

「カンフル（注射）をうつ」という言葉がある。通常の手段ではどうにもならないときに物事を回復させるための非常手段をとるときなどに使われる。

たったひとつの台風で、幕府がカンフルをうたなければならないこともあった。

天保四年（一八三三）八月一日、関東地方に大風雨が襲った。七月末に西日本で同じような記録がなく、そのあと奥羽も被害を受けているから、台風が関東を直撃したあと北上したのだろう。その影響で、江戸市中の米穀が底をついてしまった。この冬からはじまる「天保大飢饉」の前触れのような出来事だった。そこで八月、幕府はお触れを出した。

「このたびの江戸での米不足により米価が高騰した。今月一日の大風雨のあとはなお値上がりし、市中では米が手に入らないと聞いている。そこで（将軍の）格別のお慈悲により、三十五石につき金四十二両で、幕府の蔵米を払い下げることにしたので、月番の町奉行所（北町・南町の両奉行所は月交替で裁判をし、非番の月は事務処理にあてた）へ来て鑑札を発行してもらい、浅草蔵役所で米を受け取り、払い下げた金額で小売商に売りなさい」

蔵米を払い下げてでも、米価が高騰することを幕府は恐れていたのだ。米価が高騰すれ

ば、つられて、ほかの商品の物価も上がり、市中経済が混乱を招くことになるからだ。だが事態は物価高騰のレベルを超えはじめ、「江戸飢饉」の様相を呈してきたのだろう、九月には幕府は江戸へ米を廻すことを奨励。素人の売買も認めただけでなく、十月には江戸市中でその日暮らしをしている者たちへの「御救米《おすくいまい》」も実施した。

それでも事態が好転しないため、さらに同十月、「『米商売』をしている者たちは『囲米《かこいまい》』をせず、正常に売りさばきなさい。もし隠して『囲米』をした場合は厳しく処罰する」、また、武家方のなかに囲米をしている者がいることを指摘し、すぐに米を供出するよう、お触れで命じている。

自分勝手に米を溜め込まず、みんなのためになることをしなさい、というわけだ。

このお触れを出しても事態が解決しなかったのだろう。業《ごう》を煮やした幕府は、同十一月に江戸の米問屋が他国に米を廻送することを禁止したのにつづき、翌天保五年一月二十七日、関東諸国に囲米を禁じ、地元住民が必要な分以外の米穀を江戸に廻送するよう命じている。いかに江戸の米が底をついていたかを、うかがうことができる。

だが、余っている米をすべて江戸に廻送せよというのは、生産地からすれば「江戸がよければそれでいいのか！」だろう。もし現代で、そんな命令を出したら、暴動とまではいかないにせよ、陳情団が永田町に押し寄せかねない。

安政江戸地震　早く元の生活に戻りなさい

家業長く相休候而は諸人及難儀候間、銘々持前之商ひ此上不差支売々いたし可申、【安政二年】

一般に「安政の大地震」というが、安政の大地震は一度ではない。記録されている大地震だけでも三回あった。

一、安政元年（一八五四）十一月四日午前九時すぎ、安政東海地震。M八・四。
二、安政元年（一八五四）十一月五日午後四時ごろ、安政南海地震。M八・四。
三、安政二年（一八五五）十月二日午後十時ごろ、安政江戸地震。M六・九。

安政東海地震では房総から四国まで、安政南海地震では紀伊から九州まで津波が襲った。津波で破損したプチャーチンの艦船が修理のため伊豆戸田《へだ》に移動中に沈んだのも、この、二つの地震が原因。

ふつう「安政の大地震」といえば安政江戸地震を指す。

直下型地震で震源地は荒川河口付近。倒壊した民家は一万四千戸、死者は町方だけで四千人以上、武家方や神社仏閣関係を含めると七千人以上とも一万人以上ともいわれる。藤田東湖も、この安政江戸地震で命を落としている。

幕府は、安政江戸地震が起きたその夜、消火活動について指示したのを皮切りに、矢継ぎ早にお触れを出している。

翌三日には、被災した新吉原の遊女たちが「所々」へ「散乱」していることを注意。四日には、焼死した被害者の身元を名主・月行事（五人組の月当番）が立ち合いの元で検分して「死骸片付」すること、公事訴訟が延期されること、焼け出された者たちのために浅草と深川にお救い小屋を建てること、死者・怪我人の名前を提出すること、をそれぞれ告げている。

さらに五日には、よりくわしいお触れが出されている。いくつか簡単に紹介すると——。

「一、両替商の建物が大破しているとはいえ差し支えないように営業すること。
一、噂に流されることなく米問屋も小売商も営業すること。
一、それ以外の商人も長く休まないこと。
一、余震を恐れて家のなかに戻らないで往来に仮小屋を建てている者が多くいるが往来の邪魔になるので、町役人たちはきちんと取り締まること」
被災したのち、できるだけ早く元の生活に戻るよう、幕府が庶民に声をかけていることがよくわかるお触れになっている。

商売をしている者たちにすれば「そんなこと言われたって困る」だろう。まずは自分たちの生活が第一なのだから。

材木商は人の足下を見るな

材木類を始め、諸色高直商売致し、惣て諸職人手間賃銀に至る迄、不法に引上げ、畢竟時之変に乗じ、過分之利徳を可貪所業にて、不埒之至に候。【安政二年】

「風が吹けば桶屋が儲かる」の図式ほど回りくどくはないが、江戸時代、火事・地震が起きたあとに儲けた者たちがいる。材木商と、大工たち職人だ。

安政江戸地震（170頁）のあとが、まさにそうだった。

地震が起きたのは安政二年（一八五五）十月二日。その二か月半後の十二月十五日、幕府は材木商や職人たちに注意をうながすお触れを出した。

「近年火事がつづき、焼失のあとの普請が夥しいところにきて、このたびの地震・火事である。材木類をはじめ諸物価が高騰し、職人たちの手間賃にいたるまで不法に引き上げられている。それで、みな困っていると聞く。地震以前に仕入れたものも値上げしているそうではないか。材木そのほか、元の値段に戻して売り、運賃なども引き上げないように。また職人たちも、こんなご時世なのだから、いつもの賃金で、怠ることなく仕事をしなさい。相《あい》身《み》互《たが》いというではないか。厭がらず、個人の利益に走ることなく、手間賃を上げずに仕事をしなさい。火事や地震に乗じて儲けようなど不埒《ふらち》なこと。手間賃は早々に奉行所に報告し、余分に取った手間賃は返し、雇うほうも必要以上に支払わないように」

事実、地震や火事が起きたのを商機ととらえて材木を買い占め、高値で売り、巨利を貪《むさぼ》る商人が横行していたからこそのお触れだ。

いくら材木の値段が高騰していても、一日も早く家を建てたいとなると、「高くても買う！」という金持ちがいるから、値段はどんどん上がっていく。職人たちにしても、そうだ。「そんな手間賃じゃ働かねえよ」とふんぞり返る者が多くいたのだろう。「これだけ払いますから、そんなこと言わねえで手伝ってくだせえ」と言うものだから、どんどんつけ上がる。幕府は、すべてわかっていたのだ。

だが「はい、そうですか。仰せのとおりにいたします」となったとも思えない。値段をめぐって、あちこちで揉め事が起きたことも容易に想像できる。「お上も言ってるだろ。もっと安くしろ」「そんなこと言うんなら建ててやらねえ」などと。

だが、このお触れにあるとおりなのだ。「相身互い」「情けは人のためならず」だ。

地震や火事が起きるたびに、諸物価が高騰して、経済が混乱しないようにするため、幕府は必死だったのだ。そのぶん、庶民のためを思っての政治だったと言えるわけで、いまの政治家のみなさんに見習ってもらいたいものだ。もっとも、いま、安政江戸地震レベルの地震が起きたら、政府も国民の「衣食住」を確保するために復興支援をするはずだが、さすがに物価統制まで目が届くかどうかわからない。

第四章　温情か、非情か

――御触書に見る「庶民思い」と「庶民泣かせ」

金銀銭の基本取引ルール

金子壱両に、鐚銭四貫文取引べき事、

【慶長十三年】

「金・銀・銭」の交換レートが定められたのは、意外なことに幕府が開かれて五年後の慶長十三年（一六〇八）だった。この年十二月八日、それまで長年使われてきた永楽銭の通用が禁止され、「金・銀・銭」の交換レートが正式に定められた。

「一、永楽銭一貫文につき、銭四貫文で交換すること。以後、永楽銭はいっさい取り扱わず、金・銀・銭をもって取引すること。

一、金一両は銭四貫文で取引すること」

文中の「永楽銭」は、中国明朝三代皇帝永楽帝の時代に作られた銅銭の名で、日本にも多くが輸入されていた。

ここで言う「銭」とは、当時はまだ「鐚銭《びた》」と言われるもの。「鐚一文もやらぬ」の「鐚」。粗悪な銭という意味。

寛永十三年（一六三六）から幕末まで、幕府が鋳造する「銭」といえば「寛永通宝」を指した。じつは、その十年前に、常陸国水戸の商人佐藤新助という者が幕府と水戸藩の許可を得て「寛永通宝」を鋳造していたが、まだ正式な官銭ではなかったのだ。

元禄時代（一六八八〜一七〇四）になって、地方の農村でも貨幣が使われるようになったのは、「寛永通宝」が大量に鋳造されたことによる。

寛永通宝には四文銭、一文銭の二種類があり、素材も銅・鉄・真鍮《しんちゅう》などがあり、庶民のあいだでいちばん使われていた通貨だった。

時代劇『銭形平次』で、神田明神下に住む岡っ引の平次が、捕縛する際に「投げ銭」している、あれだ。真ん中に穴が開いているので、何十枚も紐《ひも》で通して、腰からブラ下げている。映像には映っていないが、もし銭形平次が実在していたら、あとから平次本人か子分の八五郎が拾ったことだろう。

江戸時代を通して、「金一両＝銭四貫文＝銭（寛永通宝）四千枚」で取引され、明治初年まで使われ、「銭一文＝一厘」と計算された。

「一文銭」はいまの十円感覚で使われていたといっていい。

ちなみに「金一両＝金四分＝金十六朱」だった。

これまで中国生まれの貨幣を使っていたのを国産に切り替えたのだ。幕府は真剣だった。「寛永通宝」が銭の代名詞として使われつづけたのだから、施策は成功したのだ。

一円〜一万円の明確な交換レートで生活している現代からすると、江戸時代の貨幣交換レートは複雑だ。

町人跡式の事、存命之内、五人組に相断り、其上町の年寄三人の所にて帳につけ置くべし
【寛永十年】

庶民のための訴訟入門

江戸時代は訴訟のことを「公事《くじ》」といったが、いまのように刑法・民法などの区分はなかった。

江戸時代の庶民が訴訟を起こしたいときには「公事宿《やど》」の主人の手を借りなければならなかった。そもそも「公事宿」というのは、訴訟や裁判のために地方から出てきた人を泊めた宿のこと。江戸の馬喰町《ばくろちょう》や小伝馬町《こでんまちょう》に集中していた。公事宿の主人は、訴状の作成、手続き代行、訴状の裏書、相手方に訴状を届けるときの同行など、まさに、いまの弁護士の役割を担うものだった。

寛永十年（一六三三）八月十三日、江戸時代における「訴訟」の基礎となるべきお触れが出された。そのなかから町人にかかわる重要なものを、とくに抜き出す。

「一、町人の跡継ぎについて。生前のうちに五人組に連絡をし、そのうえで町年寄三名に帳簿に記載してもらうこと。ただし、その子が『不埒』な場合は申し断ること。死期が近づいてからの遺言は許可しない。

一、主人と奉公人の訴訟について。主人次第とする。ただし主人に非がある場合は『理非』

に従って裁断すること。
一、親と子の訴訟について。親次第とする。ただし親に非がある場合は『理非』に従って裁断すること。
一、訴え出る者は、たとえ仲間であろうとも、その罪を許し、褒美を与える。
一、『田畠、野山』に（悪人を）隠している者を訴え出た者には褒美を与え、隠していた者は罪の重さにより、死罪から過料までのあいだで処罰する。
一、たしかな証文があるにもかかわらず、これをかすめ取って訴訟を起こす者は『籠舎』あるいは『過料』とする。
一、刃傷におよんだ者は、その罪状の重さにより『籠舎』『過料』とする。
一、嘘偽りをいう者は、その罪状の重さにより『死罪』『牢舎』とする。
一、亡命する者、亡命を手助けした者はその罪状の重さにより処罰する。
一、家屋・土地の境について争いがあったときは本人たちを呼び出して証拠次第とする」
　儒教の教えが貫かれたお触れだ。「死期が近づいてからの遺言」は、武家における末期養子（家の断絶を防ぐために死ぬ間際に養子縁組をすること）に通ずるもの。民法と刑法の基本を示したもので、全体的には「まっとうな」法令と言える。「守る」「守らない」というレベルではなく、絶対に守らなければならないものばかりだ。

将軍様が鷹狩をするときの注意事項

御鷹場に着て、脇鷹つかひ、其の外諸鳥致殺生者有之ば、精を入、無油断可見出事
【正保四年】

「鷹狩」というのは、鷹を狩ることではない。鷹を放って狩りをすることだ。だから「放《ほう》鷹《よう》」とも言う。

テレビの歴史バラエティ番組で、狩った鷹を獲物のようにブラさげている将軍のイラストが出ていたことがあるから、勘違いしている人はけっこういそうだ。

鷹狩は、徳川将軍の趣味として有名だ。

だが周囲の者は、ひと苦労したようだ。

三代将軍徳川家光が鷹狩をするときには、「知恵伊豆」のニックネームで有名な松平伊豆守信綱が苦労させせられていたようだ。

正保《しょうほう》四年（一六四七）十一月七日、鷹狩をする場所に、こんな高札が立てられた。

「一、『御鷹場』で鷹を放って鳥などを殺生する者がいたら、見つけ出しなさい。

一、『上意』と偽って鷹を放って鳥などを殺生する者も、やはり見つけしだい、その人の家まで送り届けたうえで、『松平伊豆』のところまで報告すること。もし、住んでいるところもわからないような『かろき者』の場合は、直接、『松平伊豆』のところに連れてきなさい。

もし、これらを見逃したり聞き逃したりした場合は、村じゅうの者を取り調べる。一、夜中に鳥などを殺生する者が出ないよう夜回りをすること。たとえ仲間であっても密告した者は、その罪を許し、褒美として金銀ないし田畑を与える」

これは、なにを言いたいのか。

簡単に言えば、「将軍様が鷹狩をして、獲物をとらえられないと不機嫌になるので、ほかの者が鳥などの獲物をとらないように！」ということだ。

そんなことか、と思うなかれ。将軍のまわりにいる部下たちにとっては大問題なのだ。いまでいえば、会社の社長が釣りに行くからまわりでだれも釣りをしないように、会社の社長がゴルフに行くので……、これはちょっとちがうか。いずれにせよ、将軍様のご機嫌を損なわないためにご苦労さんなことだ。

実際、家光は十一月九日、浅草に鷹狩に出かけているから、この高札はまず浅草に立てられたはず。浅草は、江戸城からもっとも近い鷹場だったのだ。さすが「将軍様が鷹狩をする」となれば、人々も従わざるをえない。

だが鷹狩も、五代将軍綱吉のときに「殺生」を理由に中止された。もちろん「生類憐みの令」を出しているからだ。鷹狩が復活したのは、スポーツ万能だった八代将軍吉宗のときだった。

若隠し候て致開板候はば、御穿鑿之上、急度曲事に可被仰付候間、

【貞享元年】

お触れの出版は固く禁ず

江戸時代には新聞も雑誌もないから、言論を弾圧する対象は、もっぱら出版物だった。五代将軍徳川綱吉の治世の貞享元年（一六八四）四月、江戸市中に出版取締令が出された。「服忌令《ぶっきれい》」が出された二か月後のことだ。

「服忌令」とは、親族などが他界したときに自宅で謹慎する日数を決めたもの。

「町じゅうの『板木屋《はんぎや》』は、『御公儀之儀』は言うにおよばず、珍しきものを出版するときには町奉行所へ届け出て、指導に従わなければならない。以前にもお触れを出し、『板木屋』たちも証文を書き置いたにもかかわらず、このたびの『服忌令』のお触れを、幕府の指導を受けないまま出版しただけでなく加筆までしている。けしからんことだ。取り調べたうえで入牢を申しつける。今後はお触れを守り、『御公儀之儀』はもちろん、人々の迷惑になるようなものは、いっさい出版してはならない。出していいかどうか迷うようなものは奉行所にお伺いを立て、指導に従ってから出版すること。もし隠して出版した場合は取り調べたうえで処罰する」

幕府がお触れのなかで、あまりに細かく指示されているので庶民が覚えきれないために、

版元が印刷物にして売り出したら、「お上」からお叱りを受けたというわけだ。おそらく買い求めた者が多かったにちがいない。

いつの世でもそうだが、「お上」の刊行物はわかりにくく、読みにくい。それを「読者のために加筆などして、わかりやすく出版して、なにが悪いんだ」というのが版元の言い分だろう。

最近も、省庁などのホームページなどを見ても、イラストなどが入り、一見したところわかりやすいように見えるが、ほんとうのわかりやすさには至っていないような気がする。それは役所というところが「面倒くさい」印象があるからだ。

また文中の「御公儀之儀」というのは、おそらく徳川家康など徳川家について書かれた出版物のことを指していると思われる。

のち享保七年（一七二二）十二月十六日のお触れでは「『権現様之御儀』はもちろん、『御当家』のことについて書いた出版物は出さないように」と命じている。同様の内容のお触れは天保十三年（一八四二）六月十日にも出されている。家康に限らず歴代将軍にも当てはまるとしながらも、ちゃんと顕彰したものや、すでにみんなが知っているようなことは出版してもかまわないと取り締まりを緩和している。もっとも、そんなものは版元としてはおもしろくもなんともなかっただろう。読者がおもしろがってこその出版なのだ。

只今迄とらせし直段に、一町に付一ケ月に銭1匁づつ引、ごみ取り候て、其の捨ごみにて新田取立可申由申候、

【元禄九年】

ゴミを集めて新田を開発

いまや日本はエコロジーな世の中だ。ゴミもできるだけ出さないことが好ましい。江戸っ子たちにとっても、ゴミは大きな社会問題だった。

明暦元年（一六五五）十二月に出されたお触れに、こう書かれている。

「江戸各所の『塵芥《じんかい》』を捨てる土地は、永代島に高札を立てているので、そこに捨てること。よって、道路に捨てること、夜中に船で運ぶことを禁止する。もし背く者があれば、すぐに処罰する。永代島近くに辻番人を置いて『検察』する」

それまで江戸の町には、はっきりとしたゴミ捨て場がなかった。ゴミは下水に捨てられたり、空き地に捨てられたり、川に捨てられたり、ときに道路の補修に使われたりと、まちまちだった。そこで幕府は、隅田川河口にある永代島に捨てることを命じたのだ。

以後、町々で出されたゴミは、町ごとの「大芥溜《おおごみため》」に集められ、特定のゴミ捨て請負業者が有料で集め、船を使って永代島に捨てられるようになった。ゴミ捨て請負業者への代金は町ごとについて一か月銀一匁だった。いまで言う町内会費から捻出されていた。

もちろん、時間が経過すれば、永代島のゴミは増えるばかりとなる。

そこで、約四十年後の元禄九年（一六九六）三月には、こんなお触れが出された。

「一、亀井町の新五兵衛、小伝馬町の甚兵衛の二名が、永代島から上総浦まで浚渫《しゅんせつ》作業を請け負うことになった。一町につき一か月銀一匁ずつ集めていたゴミ回収代を浚渫費に充当し、溜められたゴミを用いて埋め立て、新田開発するというのでこれを許可し、以後は、この二名が江戸のゴミ回収にあたることとなった。
一、あわせて、ゴミを運ぶ船も、右の二名に貸し与えることとする。
一、これまで町々のゴミを船を運んでいた者は、これまでどおりでよいが、以後は、右の二名の指示を受けて運び捨てること。勝手に捨ててはならない」
二人の業者が「永代島のゴミ、浚渫で集めた泥を使って埋め立て、新田開発をする」というわけだ。幕府としても渡りに船。新たに「永代築地改役」四名をつけてゴミ捨ての監視をさせ、享保九年（一七二四）閏四月から十か月かけて埋め立て工事が行なわれた。

享保十五年（一七三〇）にはゴミ捨て場が永代島から深川越中島《えっちゅうじま》に移され、埋め立て工事はつづけられることになる。東京湾埋め立てのはじまりと言っていい。江戸のゴミ行政は、われわれが想像する以上に整っていたわけだ。「燃えない」「燃やせない」ゴミは原則としてなかったし、プラスチックのゴミもなかった。基本的にエコロジーな生活を送っていたのだ。

庶民の財布、質屋の利子は一律に定める

御尋物相触候吟味之刻、不隠置、早速可指出事　【元禄十四年】

江戸時代の人々と現代人の大きなちがいのひとつは、個人レベルの「貯蓄・貯金」が常識ではなかったということだ。だから少しでも手許《てもと》不如意になると金を工面しなければならない。だから江戸っ子にとって、質屋は身近な存在だった。

江戸中期、享保八年（一七二三）当時、質屋は組合数が二百五十三、店数は二千七百三十一軒に及んだというから、町内に必ず一、二軒はあったことになる。

春先に冬物衣類をあずけてカネを借り、また冬が来る前にカネを返して冬物を返してもらう、そんな使い方だ。べつに質屋に通うのは、恥ずかしいことでもなんでもなかった。もっとも旗本や御家人は、そうはいかなかったかもしれないが。

さらに質屋には盗品が運び込まれることも多かったため、寛永十九年（一六四二）には江戸質屋仲間が形成され、元禄五年（一六九二）には登録制となり、幕府が統制しやすい組織になっていた。だからこそ、質屋の利息も、きっちりしたものだった。

元禄十四年十一月には、「質屋の定法」が出されている。

質物を置く期間は、刀・脇差、家財道具は最大十か月（のち十二か月）、衣類などは最大

六か月（のち八か月）とされた。それを過ぎると「質流れ」となり、質屋に商品をとられてしまうわけだ。

利息も、貸した金額によって細かく決まっていた。

「一、銭千文につき月利三文（年利三六％。のち四分で年利四八％）

一、金二両までは金一分につき月利銀三分五厘（のち四分。年利二八〜三二％）

一、金十両までは金一分につき月利銀三分（年利二四％）

一、金百両以下は金一両につき月利銀一匁（年利二〇％）

一、金百両以上は、右の計算にもとづいて利息を決める。

一、盗品などの『御尋物』が出てきたら、よく吟味のうえ、隠し置かずに報告すること。

一、売買証文はきちんと取り置き、外に漏れないようにすること」

質屋仲間があったわけだから、この決まりはきっちり実行されていたはずだ。現在も「質屋営業法」などで、高金利の罰則規定、帳簿の保存などが定められているし、もちろん認可がなければ営業することはできない。

江戸時代の質屋の利息は、当時の消費者金融の世界では、かなり低いものだった。だからこそ、庶民は気軽に利用できたのだ。もっとも、大半の庶民が十両、百両と借りていたとは思えないし、高額な担保となる質物があったとも思えない。

新酒の発売時期を守りなさい

新造酒江戸へ積送り候はば、何方より新酒何程積送り候由、

【宝永元年】

いまでも日本酒のラベルに「新酒」と書かれていたりするが、毎年七月から翌年六月が製造年度と定められており、製造年度内に出荷されたものを「新酒」と呼んでいるから、珍しいものでも、ありがたがるものでもない。

酒を愛する江戸っ子も、毎年十一月ごろ、関西から江戸に下ってくる新酒を心待ちにしていた。池田・伊丹・灘などで生産される清酒だ。

いわゆる「下《くだ》り酒」。江戸っ子は、京都で生産される呉服絹織物や小間物、大坂で生産される刀剣などは「下り物」といって珍重し、逆に関東・東北で生産される粗悪なものを「下らぬ物」と言い、ここから「くだらない」という言葉が生まれた。

さて、その新酒についても幕府は厳しい目を光らせていた。

宝永元年（一七〇四）九月、幕府は「新醸の事」として、お触れを出している。

「一、関西その他の国々より江戸へ新酒が運ばれてきたときは、どこよりどれだけ運ばれてきたかを記録して提出しなさい。ひそかに諜り合って内証で買い取ってはならない。

一、この十月より三月までに、諸国から江戸に運ばれてきた酒は、新酒であろうと古酒であ

ろうと、樽数と石数を月ごとに記録して提出しなさい」

　また幕府は江戸の造り酒屋に対しても、同時に注意を与えている。

「一、幕府の役人が検査に出向いたときには、名主・家主・五人組が立ち合い、定めてある石高と相違ないか調べること。
一、造り酒屋は、自分の店以外に蔵を借りて、余分に造ってはならない。一町ごと、一軒ごとに検査し、名主が証文を保管しておきなさい。
一、造り酒屋はもちろん、小売商も、決められた時期以前に新酒を売ってはならない」
　つまり――江戸っ子が「早く飲みたいから」と言っても、初物として新酒をフライングして売ってはならない、というわけだ。この手のお触れは、業界への指導なので原則として守られたことだろう。もちろん、どんな時代でも違反者はいる。

　一般に、江戸の酒は辛口で、関西の酒は甘口だった。江戸でたびたび開催された「酒合戦」において四升五合を飲んだ者もいたようだが、いまの日本酒とちがってアルコール分が少なかったと言われている。

　また酒の値段は、天保年間（一八三〇～一八四四）の記録では、一升あたり、極上酒が銭二百三十文、上酒が銭百七十文、中酒が銭百四十文、下酒が銭百十文だったという。二八蕎麦が十六文だったわけだから、妥当な金額だ。

目安箱　直訴状には住所氏名を明記せよ

訴人の名并に宿書付これなくば、是又取上ざる者也

【享保六年】

役所やスーパーなどでも見かけることがある「目安箱」だが、もともとは、「享保の改革」の一環で、八代将軍徳川吉宗のときに設けられた直訴用の箱。教科書で必ず習うものだから知っている人も多いだろう。ちなみに「目安」は訴状のこと。「いつでもどうぞ、なんでも受け付けますよ」的なイメージがあるが、その実態はちがっていた。

享保六年（一七二一）閏七月二十五日、日本橋の高札に掲げられたお触れの内容だ。

「一、近頃、幾度となく、ところどころに署名のない『捨て文』をして、さまざまなことを言う者がいる。よって、この八月より、毎月二日と十一日と二十一日の三日間、評定所外の腰掛けのなかに、箱を置くことになった。書付を持参した者はこの箱に入れること。刻限は昼九ツ時（正午ごろ）までとする。ちゃんと箱を置く場所を定めたので、ほかで『捨て文』をしてもいっさい読まない。

一、政治に役に立つこと。

一、役人などの悪事。

一、役人が放置してある訴訟ごと。

これらについて直訴しなさい。ただし――。
一、自分勝手なこと、個人的怨《うら》みから他人の悪口を書くこと。
一、内容を確認していないのに他人に頼まれて直訴すること。
一、訴訟のたぐいで、まだ役所に届けていないもの、届けていても裁決待ちのこと。
これらについては書いてはならない。
一、すべてにおいて正直に書いていないもの、取りつくろったもの、噂話などを書いたものは読まない。書物を入れたら焼き捨てる。悪事が判明するような書物はしっかり封をして持ってくること。また直訴する者は名前と住所を書くこと」
文中の「捨て文」とは、評定所の役所前などに、ひそかに置いていく訴状のこと。だから目安箱で「正式に受け付けますよ」というわけだ。ただ、名前と住所を書いたうえで、毎月二日・十一日・二十一日の午前中だけ、しかも、直訴する内容についてのダメ出しがズラズラ。訴状を出すだけでも覚悟がいる。いかにも「お役所」のやること。実際、間口を広げれば、いろんなものが、どんどん箱に入れられて、事務処理するだけでもたいへんだったのだろう。

役所はなにかあるたびに書類を要求し、書類に不備があれば突き返される。いまも昔も変わらない。「目安箱」も、絶対に面倒くさがられていたはずだ。

江戸の出版　版元は倫理を守れ

惣而昔より有来書物之内、年号と作者、時代相違之儀者、板行追々おこし候に付、年号は其の節を用ひ、【享保七年】

統治機関である以上、幕府が出版に関しても多少なりとも規制を加えていたことは想像に難くない。かといって、幕府は版元に対して言論弾圧ばかりをしていたわけではない。

いまからすれば正論を言っているものも多い。

「享保の改革」時の享保七年（一七二二）十一月には――。

「昔より伝わっている書物のなかで、年号と作者とで時代が違っているものを新しく出版するときには、年号はそのときのものを使い、作者も以前のままにして、時代が違わないようにしなさい。検査したうえで違っているものは出版を留める」

つまり、昔からある本をそのまま流用して、作者の名前だけを変えて出す行為を固く禁じている。「盗作」以前の「ありえない」話だが、江戸時代には起きていたのだ。

その翌月の十二月十六日には――。

「一、人々の家系や先祖のことが書かれているもので事実と異なっているときは、新しい版では訂正すること。すでに流布《るふ》しているものは差し止めること。もし事実関係がちがうことを子孫が訴えてきたときは取り調べる。

一、新しい出版物については、『作者』『版元之実名』を奥書に記すこと」
一項目めについては説明不要だろう。二項目めは、その出版物の責任を明確にするための「奥付」を入れることを命じている。

「寛政の改革」時の寛政二年（一七九〇）五月には――。

「作者のわからない書物は商品にしてはならない」。

これは権利関係の所在が不明瞭になり、版元が利益を貪るのを避けるためだろう。

「天保の改革」時の天保十三年（一八四二）六月十日には、「享保の改革」「寛政の改革」時のお触れを引き継ぎながらも、「『暦書《れきしょ》、天文書、阿蘭陀《オランダ》書籍翻訳物』はもちろん、すべての出版物は、版元より町年寄へ申し出、町年寄が奉行所へ上申し、許可を得なければ出版できない」と明記。さらに「秘密裏に出版した場合は、板木を焼き捨てたうえで関係者を取り調べて厳重に処罰する」とし、学問所に原稿（医学書は医学館）を差し出し、指示を受けて板木を起こしたものは学問所に納め、私家版を作らないよう命じている。

それにしても、幕府の検閲をうけたうえでなければ出版できないというのは、版元にとっては窮屈このうえなかったにちがいない。ほとんどの版元は従っただろうが、なかには「てやんでぇ。お上におうかがいを出したものがおもしろいわけねえじゃねえか！」と無視して出版する者もいたはずだ。

万民救済のため朝鮮人参を栽培

先々御代朝鮮国へ人参種被遊御所望、野州今市辺にて御作らせ、【明和元年】

時代劇などを観ていても、薬のなかでも朝鮮人参が「万病に効く薬」「強壮剤の秘薬」「霊薬」として人気があり、そしてなにより高価だったのは、ご存じのとおり。

実際に在庫が少なく、庶民が手を出せるものではなかった。

明和元年（一七六四）閏十二月二十四日、十代将軍徳川家治の治世に、こんなお触れを出している。

「朝鮮人参が手に入りにくく、また町民が病気になっても手に入れるのは難しい。日本国内で栽培できれば『万民御救』になると、先々代（八代将軍吉宗）のとき、朝鮮から人参の種を買い入れて下野国の今市《いまいち》のあたりに植えさせておいたところ、その効能に変わりはないとわかったため、陸奥国などでも作らせて栽培を増やしている。そこで神田紺屋町に人参座を作ったので、関八州・陸奥・信濃・東海道筋・京・大坂の業者は買いに来なさい。ただし広東人参の効能はないので、しばらく通用を停止する」

朝鮮人参を国産にしたので在庫が増えたのは、たしかだろう。全国の薬商は喜んだにちがいない。

だが、享和二年（一七一七）から慶応三年（一八六七）のあいだの朝鮮人参の値段の最高価格・最低価格、平均と思われる価格を見ると――。

最高価格　一斤（六〇〇グラム）＝銀三十八貫　＝金六百三十二両（天保七＝一八三六年）

最低価格　一斤（六〇〇グラム）＝銀三貫八百匁＝金六十三両（文久元＝一八六一年）

平均価格　一斤（六〇〇グラム）＝銀十六貫　＝金二百六十六両

最高価格も最低価格も、国産の朝鮮人参が出回って以降の値段だ。たとえ国産であっても「高いものは高い！」だったわけだ。しかも、最高価格は最低価格の十倍もする。ということは、年々によって収穫の差が大きかったのか、たとえ人参座で常識的な価格で卸されていても、小売商がかなり利鞘を稼いでいたということなのか……。

もっとも、いちどに六〇〇グラムも購入できないので、仮に一両目（一五グラム）を購入するとすると、いちばん安いときでも金一両半が必要だったことになる。「金一両＝十万円」とすると十五万円。おいそれと庶民が手を出せるものではない。庶民にとって高嶺の花だったことに、変わりはない。

いくら「万病に効く薬」「強壮剤の秘薬」「霊薬」といっても朝鮮人参は高価すぎる。一五グラムを購入して十五万円……現代のように保険が適用され、三割負担でも四万五千円、二割負担でも三万円。抗ガン剤レベルといっていい。

江戸に出稼ぎに来るな

奉公稼に出候者多、所持之田畑を荒置候類有之由相聞、不埒之至候。【安永六年】

江戸時代の人口について、まず調べられたのは農村だった。幕府にとって年貢、つまり国の税収を予測する、国の予算を確定するために必要だったからだ。前に述べたとおり、江戸市中の人口がほぼわかったのは元禄六年（一六九三）のこと。

だが江戸には、地方からの出稼ぎが多くいた。生活費を得るために、農閑期に江戸に出るわけだ。

彼ら出稼人のなかでも相模国出身の「下女《げじょ》」、信濃国出身の「下男《げなん》」が有名で、冬近くになると町に出てきて、春作になると山に帰っていくその習性から「椋鳥《むくどり》」と呼ばれた。

これら出稼人たちに奉公先を斡旋する業者は法令で「人宿《ひとやど》」といった。一般には「口入《くちい》れ屋」。

江戸後期になると、幕府は農村の荒廃を恐れ、出稼ぎを制限しはじめた。安永六年（一七七七）五月二十三日に出されたお触れが、これ。

「最近、農民たちは耕作を怠るどころか、生活に困っていると偽って江戸に出て、商家などに奉公し、自分の持っている田畑を荒らし放題にしている者が少なくないと聞く。けしからんことだ。今後は、村役人が村を個別に調査し、もし出稼ぎに出ている者がいたら、残った者で農耕に妨げにならぬようにせよ。もし本当に生活に困窮して江戸に出稼ぎに出なければならない場合は、正式に申し出たならば期限をもうけて許可するが、期限が来たならば帰ってくること。もし村のほかの者に迷惑をかけていることも気にせず、江戸に出て、しかも帰らず、田畑を荒らし放題にするようなことがあれば、本人はもちろん村役人までも処罰することになる」

出稼ぎに出るときの手続きは、天明八年（一七八八）以降はさらに厳しくなり、村役人の許可はもちろん、代官、領主の許可状を持参したうえで江戸に出て、人宿から町奉行所に届けなければならなくなった。そこではじめて人別帳に登録された。人別帳に登録されない者は「無宿者」とされた。町奉行所の役人に捕まった場合は、最悪の場合は「佐渡送り」、つまり佐渡金山に送り込まれた。

それでも出稼人が減るようなことはなかった。

もし、いま「東京、大阪への出稼ぎ禁止令」などが出たら、それこそえらい騒ぎになるのは目に見えている。

農村の人手不足が叫ばれて久しいが、江戸時代でも、現代ほどではないにせよ同じような問題を抱えていたのだ。

貧しき者も安心　流行病の処方箋はこれ！

時疫に八大つぶなる黒大豆を能煎て壱合、甘草壱匁水二⼙せんし出し、時々呑てよし、

【天明四年】

理不尽ばかりの幕府かと思いきや、そうとも限らない。そう思えるお触れはけっこうある。ここで紹介するのは、幕府が庶民の病気についても気を遣っていた証拠だ。

十代将軍徳川家治の治世の天明三年（一七八三）、浅間山が噴火し（164頁）、その影響の「天明の大飢饉」で、いろんなものを食べたことで病が流行ったため、翌年五月、幕府は「時疫《じえき》流行候節此薬を用て其煩をのがるへし」というお触れを出した。医師が処方する薬でもなく、薬商から買い求める薬でもなく、民間薬の処方の仕方だ。

望月三英・丹羽正伯の二名の医師の名で書かれているものだ。

「時疫」（流行病《はやりやまい》）のときは――。

「一、大粒の黒大豆をよく煎《い》たもの一合、甘草一匁を水でよく煎じて、ときどき飲む。

一、茗荷《みょうが》の根・葉を突き砕いて汁を絞り、たくさん飲む。

一、牛蒡《ごぼう》を突き砕いて汁を絞り、茶碗に半分ずつ二度に分けて飲み、若桑の葉を一振ほど火で炙《あぶ》り、黄色く変色したら、茶碗の水四杯が二杯になるまで煎じて飲み、汗をかく。若桑の葉がなければ枝でもよい。

一、高熱を発して、騒いで苦しむときには、芭蕉の葉の根を突き砕き、汁を絞って飲むとよい。一切の食物の毒にあたったり、いろいろな草木・きのこ・魚鳥獣など食べて煩《わずら》ったときにも飲んで、死を逃れること」

また「一切の食物の毒」にあたったときは――。

「一、苦しむときは、煎った塩を舐《な》めるか、ぬるま湯に二かき入れて飲むとよい。草木の葉を食べて毒にあたったときには、とくによい。

一、胸が苦しく、腹が張って痛むときには苦参《くらら》（マメ科の多年草）を水に煎じて飲み、食べたものを吐き出す。

一、苦しむときは、大麦の粉を香ばしくなるまで煎り、白湯で飲むとよい。

一、口や鼻から出血して悶《もだ》え苦しむときは、葱を刻んで、一合の水に煎じて冷やして飲む。

一、大粒の黒大豆を水に煎じて飲む。魚にあたったときは、とくによい。

一、赤小豆の黒焼きを粉にして、蛤貝《はまぐり》にひとすくいずつ水に溶かして飲む。獣の毒にあたったときは、とくによい。

一、『菌』を食べてあたったときは、忍冬《すいかずら》の茎葉を生で嚙み、汁を飲む」

おそらく町の薬商の在庫が切れるほど、薬が底をついていたのだろう。薬商から薬を買えない庶民のためにも、民間薬に頼らざるをえなかったのだ。

江戸之自由なる風俗に迷ひ、故郷之事をも忘却いたし、一日々と打過候故にて可有之候。願出候ものは、路銀等御手当被下、
【寛政三年】

Uターン組には旅費を支給

江戸に出てくる出稼人の問題は、幕府にとっては放置しておけるものではなかった。出稼ぎを制限しても江戸に出る、いちど江戸に出ると奉公の期限が来ても帰らないのが実情だった。

そこで十一代将軍徳川家斉のもとで、「寛政の改革」と呼ばれる施策を次々に打ち出していた老中松平定信は、寛政二年（一七九〇）十一月、「旧里帰農奨励令《きゅうりきのう》」と呼ばれるお触れを出す。

出稼人のなかで、帰村を希望する者には「路用金銀」、つまり旅費を支給し、村に帰っても農具代などを支払えない者には「御手当」を出してもいいとまで提示した。

幕府は、ここまで言えば帰るだろうと思ったのだろうが甘かった。実際は、あまり効果がなかった。そのため翌寛政三年十二月、もういちど、「旧里帰農奨励令」を出しているのだが、先のお触れに比べると、幕府の怒りすら感じることができる。

「江戸へ出てきている者に帰村を願い出るようにたびたびお触れを出しているにもかかわらず、実際に願い出る者が少ない。彼らは『江戸之自由なる風俗に迷ひ、故郷之事をも忘却』

し、日々送っていると聞く。出稼人が増えたことで農村の人口が減り、農作業が困難になっているところも少なくない」

さらに、奉公先での仕事を嫌って、利潤の薄い商いをはじめて失敗し、しだいに困窮して飢える者もいることを注意し、やはり、国に帰ることを願い出る者には「路銀等御手当」を出すとしている。

江戸の人口問題もさることながら、農業、漁業など、第一次産業の生産高が落ちることも心配していたのだ。

東京暮らしで困った者でUターンすると申し出れば新幹線代を出してやる、と言っているようなものだ。かなりの国家予算を費やす施策ということになる。

それでも、どれだけ効果があったのか怪しいし、武家にせよ商家にせよ、出稼人の奉公に頼っている部分が多かったのも事実だ。

たびたび「旧里帰農奨励令」を出していたにもかかわらず、江戸の出稼人の数は、天保十四年（一八四三）の記録によれば、男が二万五千八百四十八人、女が八千三百五十三人。江戸の町人人口の六パーセントもいたという。

幕府がいくら口を酸《す》っぱくして説得し、あげくのはてにUターン交通費を出すといっても、江戸に住む魅力には勝てなかったのだ。

風邪病人之有無に不拘、独身之者は壱人銭三百文づつ、【享和二年】

風邪を引いたら生活援助

江戸時代、たびたび病気が流行して、多くの人が命を落とした。その対策として、幕府は民間薬の処方をしていただけではない。

風邪が大流行していた享和二年（一八〇二）三月十六日、幕府は、ある画期的なお触れを出した。

「このたびの風邪流行につき、『其の日稼之もの共』が難儀していることを（将軍が）憐れみ、救済措置をとることになった。『棒手振《ぼてふり》日雇稼』、そのほか諸々の職人で『其の日稼之賃銭』をとっている者、『家内扶助』しているたぐいの者たちへ、家族のうち三歳までの子供の除いた四歳以上の家族につき、風邪に罹《かか》っている罹っていないにかかわらず、独り身の者には『銭三百文』、二人暮らし以上の家族については一人『弐百五拾文』ずつ与える。ただしこれは名主支配下にある者にかぎる。名主および月行事（五人組の月当番）は柳原町会所へ人別帳を差し出すこと。人数に増減があったときには追って人別帳を持参すること」。

文中の「棒手振」とは、天秤棒で担いで物を売り歩く者のこと。時代劇の「一心太助」を想像するといい。

しかも、これは特別のご慈悲によるものだから、届け出が遅れることがないよう、町の隅々まで伝達するように付け加えている。風邪が流行すると、日銭を稼いで生活している者は生活が困窮するだろうからと、幕府が生活援助をしたのだ。

およそ江戸時代の職人の日当が銭四百文とされているから、もし夫婦に四歳以上の子供が二人いたとすると、「銭二百五十文×四＝銭千文」となる。

時代によって物価が異なるとはいえ、およそ「銭一文＝十円（ないし二十円）」と思えばいい。四人家族で銭千文、つまり一万円が支給されれば、生活費だけでなく、薬代なども必要だっただろうから、じゅうぶんな金額だ。もちろん臨時措置だから、いつまでもというわけではなかったはずだ。

二十一世紀の現代のように、社会保険制度ができていたわけではないから、庶民の喜び、「お上」に感謝する顔が浮かぶようですらある。

だが、このお触れを出し、庶民の生活保障をしたことで、幕府の財源が困窮したことは言うまでもない。それでも、まずは人があってこその国。ときの十一代将軍徳川家斉は、大事なことがわかっていたことになる。家斉自身、五十七人も子供がいて、冠婚葬祭費用だけでも莫大だったので、金銭感覚が麻痺していたのかもしれない。

伊豆七島の名産品は、幕府指定区域で買え

若し島方之もの致心得違、交易之儀強て相願候共、決て売買致間敷旨、【文政二年】

東京にある県の「物産館」、またデパートで催される「物産展」のいいところは、わざわざ行かなくとも、地方の名産品を手に入れることができること。

江戸時代、個人で買える「物産館」や「物産展」こそなかったが、業者が伊豆七島の名産品を仕入れることができる場所があった。

「伊豆国に付属する島々の困窮を救うため、伊豆七島での産物交易は江戸鉄砲洲《てつぽうず》の島会所《かいしよ》においてすべて取り扱うこととなったので島会所以外での取引を禁じる。もし島の者が心得ちがいして売りに来てもけっして買ってはならない。寛政八年に、伊豆・駿河・安房・上総・下総の各国、江戸の海岸沿いの町々にその旨を通達しておいたが、このたび、右記の国々、町々以外にも町触で知らせるものである。以後、伊豆七島の者と産物の売買をすること、金銭の貸借などいっさいしてはならない」

十一代将軍徳川家斉の治世の文政二年（一八一九）十月に出されたお触れだ。

伊豆七島の物産を一手に扱う役所があるなど江戸っ子にとっては初耳だったにちがいない。商売人たちは便利なところができたと思ったことだろう。

島会所は島方会所とも言い、文中にあるとおり江戸鉄砲洲十軒町にあった。寛政八年（一七九六）に代官三河口太忠が幕府から資金援助を受けて、鉄砲洲十軒町の町家六百坪を買い上げて、会所としたものだ。以後、勘定奉行所の管轄下に置かれ、伊豆七島の産物はすべてここで荷揚げされ、入札によって江戸市中の特定の商人に卸された。

伊豆七島の産物には、クサヤなどの干魚、鰹節《かつおぶし》などの水産物、黄八丈《きはちじょう》などの呉服類が主なものだった。

じつは、これらの産物のうち黄八丈だけが特別な存在だったといっていい。なにしろ、年貢代わりに上納するもの、島の生活費や生糸仕入れのためのもの、江戸の商人に売るためのものを合わせると、八丈島で生産される黄八丈は年間一千反に達していたという。

天明六年（一七八六）、ときの老中田沼意次《おきつぐ》が黄八丈の管理を思いつき、浅沼平右衛門河岸に「八丈島荷物会所」を設置し、江戸の呉服問屋に黄八丈の入札販売をしていたのだが、あまり成功しなかったという経緯があったのだ。

そのあと、伊豆七島の島々からの密売人が絶えなかったのだろう。先の代官三河口太忠が島会所設置を提案したため、幕府が資金援助をしたというわけだ。

なお、八丈島などは「流人《るにん》の島」ではあったが、流人だけが暮らしていたわけではない。島民たちには島民たちの経済があったのだ。

暦の出版を禁ず

近来暦ニ紛敷物致板行候者有之旨相聞、不埒之至ニ候、【天保九年】

いま、われわれが用いているのは「新暦」、江戸時代以前は「旧暦」だった。ただしくは明治五年（一八七二）十二月二日まで。十二月三日になるはずだった日が明治六年一月一日になったのだ。

新暦が太陽暦であることは周知のとおり。旧暦は太陰暦とも言われるが、正しくは太陰太陽暦という。もちろん「太陰」とは月のこと。月が地球のまわりを一周するのに二九・五日かかることから、太陰暦ではこれを一か月とする。また地球は太陽のまわりを三六五・二四二二日かかるので、この日数を原則十二で割ったものが、いまの一か月。

江戸時代は、一か月の日数を決めるのに太陰暦、一年の日数を決めるのに太陽暦を用いていたため、「太陰太陽暦」と言う。太陰太陽暦では、「大の月」を三十日、「小の月」を二十九日としていた。しかし、いまの「西向く士《さむらい》」が三十日というように決まっていたわけではなく、しかも太陰太陽暦を用いることで生じる一年十一日の誤差をなくすために二、三年にいちど閏月をもうけていた。十三か月ある年もあったのだ。

このように複雑なものだから「今日が何日」なのかは、毎年幕府が発行する暦を見なければわからなかった。もっとも太陰暦の場合、夜、月の形を見れば「満月だから十五日」などとわかるわけだが、そうもいかない。

だが生活の必需品のカレンダー、暦を発行すると、かならず発生する問題があった。

天保九年（一八三八）十月七日に出された「暦之義ニ付町触」によれば――。

「来る『亥暦』を板行《はんこう》するにあたっては、暦師十一人に写本を渡して暦を板行する申し渡したので、この十一人以外の者は暦類をいっさい板行してはならない。暦師の仕事は重責なので、年々触れているにもかかわらず、このごろ、暦とまぎらわしいものが板行されていると聞く。けしからんことだ。以後『略暦』ならびに『大小』のたぐいは、一枚モノであったとしても、少しでも暦に似通ったものを、辻売りを含めて売買してはならない」

「略暦」とは略本暦のことで、一般向けに便利なことがらだけを抜き出した暦のこと。「大小」とは、「大の月」「小の月」を示した印刷物のこと。いまでいえば、政府広報で出されるカレンダーがわかりにくいため、カレンダー業者がわかりやすくして出すのを禁止するようなものだ。

べつにかまわないじゃないか、と思うが、政府には政府のメンツというものがあった。いくら出版規制をしても、出す版元があったことは想像がつく。生活必需品である「暦」は、おそらく出せば売れた。それを、目端《めはし》の利いた版元が見逃すはずはない。

寺子屋の子供をえこひいきするな

手跡は貴賤男女ニ不限相応ニ認候はねは不叶ものニ付、かり初にもおろそかに心得べからす、
【天保十四年】

お触れは、形あるものばかりに出されたわけではない。「あれはダメ」「これもダメ」という幕府も、たまに良いことを言っている。ここに挙げるのは庶民教育についてだ。

一般に、江戸時代の庶民の初等教育機関は「寺子屋」と呼ばれることが多いが、これは上方での言い方で、江戸では「手習師匠」と呼ばれていた。

幕臣・藩士・浪人などの武士のほか、書家・医師・神主・僧侶のほか、隠居老人などが手習師匠になっていた。教えるのは主に習字で、ほかに算術、漢学の素読、また手習師匠の妻が女の子に裁縫を教えるケースもあった。

そんな手習師匠たちに「教育者としての心得」を説いたのが天保十四年（一八四三）三月二十六日のお触れ。

「江戸で手習師匠をしている者は、その町内の子供と、よそから通ってくる子供を、差別なく依怙贔屓《えこひいき》することなく教えなければならない。習字の上手下手はあるだろうが、貴賤男女にかぎらず、まずは認めてやること。だいたい武士の家であれば、子供が幼いころから『文武芸能』を習わせる環境が整っているが、町人たちはなかなかそうはいかない。両親のなか

にも『学問などいらん』と心違いをしている者もいるが、幼いときにきちんと学ぶべきことを学ばないと、大人になって風俗を乱す者になりかねない。子供のときに、しかと教えるのが手習師匠だ。習字だけでなく、『風俗を正し礼儀を守り孝忠』を教えるのが肝心だ。文字を読むことができれば書物も読め、高札などお触れを読むこともできる」とし、「庭訓《ていきん》もの」（孔子の子の伯魚が庭を通ったとき、孔子に呼び止められて詩と礼の大切さを教えられた故事から命名された家庭教育の書）「女今川」（今川家の家訓「今川状」に擬して女性の訓戒を漢字混じりの仮名文で書いた書）などのテキストを薦め、さらに、こう言う。「たとえ両親が文字を読めなくても、自分の子供には文字を読めるようになってほしいというのが人情というもの。だから手習師匠は子供たちを親切に教え、ときに厳しく躾《しつ》け、預けている親心に厚く応えなければならない。手習師匠の教え方ひとつで、政治の役にも立ち、風俗も良くなるというものだ」と。

いわゆる禁令ではないから、すぐに効果があらわれるものでもないだろうが、手習師匠たちの教育者としての心を引き締めることにはなったはずだ。

セクハラをしていたり、イジメを見て見ぬふりをしたり、カネを使い込んだり……そんな現代の教育者たちにも、ぜひ読んでもらいたいお触れだ。学校にすべてを押しつけるモンスター・ペアレントも一読してほしい。

悪事を働く浪人は取り押さえよ

何様申候共決して不為致止宿、帯刀をも致候者は、一銭之合力も不致、

【天保十四年】

「浪人」——大学受験浪人のことではない。時代劇でも馴染みのある、ありていに言えば無職の武士、武士のフリーターのこと。

江戸時代のはじめは「牢人」と書かれていた。幕府が断行した大名の改易・減封で「お家」から追い出され、武士たちが領地や地位を失ったことにはじまる。関ヶ原の戦いから五十年間で約四十万人いたとされる。

牢人問題から起きたのが由井正雪の起こした慶安の変だ。以降、幕府は末期養子《まつご》（家の断絶を防ぐために死ぬ間際に養子縁組をすること）の禁を解くなどしたが、それでも浪人たちは食い扶持を求め、江戸、大坂、京都などへ流れ込んできた。やがて「牢」という字が嫌われ、江戸中期には「浪人」で定着した。

浪人のなかでも、江戸初期ならば戦国時代の歴戦の戦功によって他家への仕官が叶う者もいたし、剣の腕が立てば宮本武蔵などのように兵法家になることもできた。新井白石などのように儒学者になる、近松門左衛門のように文人になるなどの道もなくはなかったが、ほとんどの「つぶしの利かない」浪人たちは、寺子屋（手習師匠）になれればいいほうで、時代

劇に登場するように傘張りをして糊口を凌いだり、用心棒に雇われたり、さらに堕落すれば悪の道に入っていった。

「天保の改革」と呼ばれる、老中水野忠邦の施策が行なわれている最中の天保十四年（一八四三）七月十四日、幕府は村々にこんなお触れを出した。

「最近、諸国の村々に『浪人体之者』が多く徘徊し、『頭分』『師匠分』などと言って、自分の縄張りを定め、農家へ押し入って金品をねだり、その金品が少ないと悪口を言い、『ここに泊めろ』と言い、ときには『おれは病気だ』と言って長逗留し、なかには無理難題をふっかけ、金銭をゆする者までいると聞く。けしからんことだ。よって、そんな者が村にやってきても、なにを言われようとも泊めるようなことはせず、とくに刀を帯びている者には一銭たりとも渡してはならない。なにか文句を言うようなら取り押さえ、もし手に余るようなら協力を仰ぎなさい」

さらに、長々とつづくが、村々の高札場、村役人の家の前に張り出された。ほんとうの「浪人」なのか、「浪人体」の者なのかは、わからないが、その狼藉ぶりが具体的で目に浮かぶようだ。

もちろん、こんなお触れが出されても「浪人」「浪人体」の者の乱暴・狼藉がなくなるわけはないし、農村で捕まえることなど難しいことだったはずだ。

第五章　旅の掟《おきて》

――まるで海外旅行！　御触書が語る七面倒な旅事情

木賃宿　薪を持参したら半額

もし旅人薪をもたらして用ゆるときは。木銭半たるべし。

【元和三年】

旅行には、ほんとうにカネがかかる。交通費以上にかかるのが宿泊費だ。江戸時代は現代よりも宿泊費が必要だった。交通手段が発達していないので一日の移動距離が短く、旅費の多くを宿泊費が占めることになるからだ。

いまとちがい、江戸時代では、およそ宿泊費に決まりがあった。

たとえば元和三年（一六一七）五月二十日、五街道のひとつ、東海道筋の領主たちへ触れられた規則では、このようになっていた。

「駅々の木銭《きちん》は、一人ごとに銭四文、馬一頭につき銭八文としなさい。もし旅人が薪を持参したときには木賃は半額にしなさい」

これは元和三年時点のことで、慶長十六年（一六一一）の定めでは、人が銭三文、馬が銭六文だった。時代が下るにつれて値上がりしていった。

寛永十九年（一六四二）＝人　銭六文、馬　銭十六文

享保三年（一七一八）＝人　銭三十五文、馬　三十五文

これが幕末になると、人が銭七百文、馬が銭一貫四百文という高級な旅籠《はたご》まで登場した。

お触れのなかの「木銭」とは「木賃」のこと。俗に安宿のことを「木賃宿」と呼ぶが、「木賃」とは、米を炊く薪代。つまり、旅人が米を持参し、薪代を支払うことを意味している。だが、薪をかかえて旅をする人はいないので、まず半額になることはない。

旅籠で食事を出すようになったのは元禄年間（一六八八～一七〇四）から享保年間（一七一六～一七三六）ころで、上・中・下の三ランクがあった。

次の一覧は享保ごろの金額。

下旅籠＝素泊まり　銭三十二～四十五文、二食付　銭百八～百四十文
中旅籠＝素泊まり　銭四十八～七十文、二食付　銭百四十～百六十四文
上旅籠＝二食付　銭百七十二～三百文

「一文＝十円」と計算しても、現在の感覚からすれば、ずいぶん安い。数百円、二食付で千五百円くらいだから信じられないほど安い。「上旅籠」二食付で、高くても三千円なのだから、安い民宿程度だ。もっとも安い旅籠の場合は相部屋だったりしたから、その程度だったのかもしれない。

二食付といっても料理だけで、酒を飲めばさらに上がり、「飯盛《めしも》り女」と呼ばれる、給仕をし、ときに売春もした女性を呼べば、さらに銭二百文、ときに鼻の下を伸ばせば、銭六百～七百文とむしり取られた。旅先だから、ついつい財布の紐がゆるんでしまうのだ。

船賃の決まり

渡船之事、商人荷壱駄四十弐貫目付、京銭十文可取之、乗懸も馬人共に十文、富士道者之舟賃可為右同前、但参詣歩の者は五文可取事、

【慶長十七年】

旅の途中で川を渡るなど船に乗るときにも、もちろんカネはかかった。

慶長十七年（一六一二）五月二十七日に「板倉伊賀守」「米津清右衛門」「大久保石見守」の連名で出された「道中船賃の定」の三箇条には、こう書かれている。

「一、刻印のない船に商売の荷物を載せてはならない。

一、渡船に積むときは、商人の荷駄四十二貫目につき銭十文をとること。乗掛荷の場合は馬・人ともに銭十文。富士山に参詣する者も同じ。ただし徒歩で参詣する者から五文しかとってはいけない。

一、船賃を定めた以上、旅をする者を安全に乗せて船を渡すこと」

文中の「刻印のない船」というのは屋号の刻印だろう。きちんと届け出た正規の船かどうか、ということだ。

また「四十二貫目」（史料によっては「四十貫」）は約百五十八キログラム。「乗掛荷」とは、駄馬一頭に人が一人乗り、二十貫目（約七十五キログラム）の荷物をつけて運ぶこと。積載制限のある船の場合は、客の荷物の重量が重要だったのだ。

もし積載制限を超して船が転覆したら一大事だからだ。これらのお触れは守らなければ人の命にかかわることだった。至極《しごく》当然のことだ。

このお触れが出された慶長十七年といえば、二代将軍徳川秀忠の時代で、まだ初代家康が大御所として存命中だった。大坂の陣以前のことだ。

まだ五街道――「東海道」「中山道」「甲州道中」「日光道中」「奥州道中」の名称すら定まっていない時代。幕府が公称を定めたのは享保元年（一七一六）のこと。

そして大坂の陣以前の、まだ戦国時代のつづきのような時代に、富士参詣者がいて、その人たちのために幕府が配慮しているのも興味深い。

ちなみに東海道のなかでも、人足の肩車などで渡らなければならなかった名所大井川の場合、時代は明白ではないが、こんな数字が残っている。

川水が人足の、腰帯までのとき＝銭四十八文、乳下までのとき＝銭七十文、乳上までのとき＝銭八十七文、脇下までのとき＝銭九十～百文。

また女性の場合、着物が乱れる、着物を濡らしたくないなどの理由により、四人で担ぐ蓮《れん》台《だい》に乗って渡してもらう場合には、四人分、つまり「×四」の費用が必要だった。それでも、わざと蓮台を揺らして、着物の裾を乱される連中もいたというから、女性は苦労が絶えなかった。

売買之廻船、難風之砌者、助船可令介抱、【元和七年】

海道筋の決まり

お触れを記した高札は、町中だけに立てられるわけではない。地方の農村の代官所などにも立てられるし、街道筋、そして海道筋にも立てられる。

これを「浦高札」（または「浦々高札」）と呼ぶ。

元和七年（一六二一）八月に立てられた「浦高札」第一号が、これ。

「一、西国諸大名の参勤交代、就封などで往来する船が、風や波で破損したときには、船の『諸器械』はいうまでもなく糧食なども『散乱』させてはならない。

一、商売の廻船が難破したときには、舟を出して救助にあたること。そのうえで力が及ばなければやむをえないものとする。

一、廻船が破損したときには、武家に仕える者はその立場にかぎらず馳せ集まってはならない。浦々の者が立ち合い、『廻船之法』に従って行動すること。

右の条々に違犯する者は、すみやかに厳罰に処す」

はじめの条項は、海に投じてはならないという意味。

二番目の項目は、海難救助を謳ったものだが、やるだけのことをやってダメなときは仕方がないとし、二次遭難を避けさせていることがうかがえる。

三番目の項目は、野次馬禁止と、浦々のことは浦々で処理せよ、という職域の制限と読むべきか。

また、ちょうど百年後の享保六年（一七二一）一月二十六日に、浦賀改所に立てられた高札には――。

「弓矢、鉄砲、長刀、甲冑、火薬、ならびに『婦女』、『囚人』、あるいは『刃傷せられしもの』、米・大豆を五百俵より多く積んだ船は、浦賀奉行に報告もなしに通してはならない」

浦賀は、江戸のすぐ手前にある湊《みなと》だった。いわば「海の箱根」ともいうべきところだ。

だからこそ、チェックが厳しかったのだろう。

「入鉄砲《いりでっぽう》に出女《でおんな》」の制限が海でも行なわれていたわけだ。

ことに「弓矢、鉄砲、長刀、甲冑、火薬」は、どんなことがあっても江戸に持ち込ませてはならなかった。

陸の街道とのいちばん大きな違いは、なにかあったときには人の命にかかわるということだ。浦々の漁村に住む人々であれば当然のことだが、海難事故が起きると、火事場泥棒のように良からぬことを考える者もいた。それについては222頁で述べる。

往来の輩、番所前にて笠、頭巾を脱がせ相通すべき事、【寛永二年】

関所では厳しく旅人の本人確認をせよ

いまでこそ国内旅行をするときには証明書のたぐいは必要ないが、江戸時代の旅人は「通行手形（または往来手形）」と呼ばれる旅行許可書を携帯していなければならなかった。おもに旅籠での宿改めに使われ、関所手形を兼ねることもあった。国内用のパスポートというわけだ。どのようなものか、サンプルを原文でお見せしよう。

「一、此何と申す者生国《しょうごく》は□国□村□□衛門親にて慥《たし》かなる者にて御座候　此度日本回国の為罷《まか》り出で中候　国々御関所相違無く御通し下さるべく候

一、此者若《も》し相煩《わず》らい候て何国にても相果て候はば其所に於て御葬い下さるべく候、此方迄御届くには及ばず申し候、宗旨は代々○宗にて御法度の切支丹にては御座無く候

右の者につき如何様《いかよう》の六ツ敷《むつかしき》儀出来　仕《つかまつり》候とも我等何方へも罷り出で急度埒《きっとらち》あけ申すべく候

後日の為往来切手　如件《くだんのごとし》」

江戸時代は、五街道などの要所や国境には関所があり、通行人や荷物を検査し、逃亡や侵入に備えた。関所は幕府・諸藩の管轄で、いまの空港などの税関なみに厳しいチェックがな

された。県境などに大がかりに検問が常時敷かれていたと思えばいい。

その関所改が最初に定められたのは寛永二年（一六二五）八月二十七日のことだった。

「一、往来する者は番所前で笠・頭巾を脱がせること。
一、乗り物に乗ったまま通過する者は、戸を開かせて通すこと。女性が乗っている場合には女性が調べること。
一、『公家、門跡、其他大名』が往来するときは、あらかじめ届け出があれば検査をする必要はない。ただし不審なことがあればこの限りではない」
この高札は、役人たちに確認させるため、関所に立てられた。ちなみに関所の建物は「番所」と呼ばれていた。関所のエリアには、たとえば箱根の場合には、高札場・面番所・足軽番所・獄屋・遠見《とおみ》番所以下の施設があった。

重要な関所には、東海道の箱根・新居《あらい》、中山道の碓氷・木曾福島、日光道中の栗橋、甲州道中の小仏などがあった。関所の総数は、じつはわかっていない。十五か所という説から七十四か所という説まである。一説では幕府直轄の関所が二十六か所、諸藩管轄の関所が二十八か所の計五十四か所。

幕府にとって、江戸や天領（幕府の直轄地）を守るために欠かせない重要な施設だった。番所の役人が絶対に守らなければならないお触れだったことは言うまでもない。

船舶事故が起きたら

諸船とも風難にかゝるときは。其地より船を出して救ふべし。
【寛永十三年】

船には、海難事故がつきものだった。江戸時代の船はすべて木造なわけだから、現在よりも事故は多かったはずだ。

寛永十三年（一六三六）八月に出された浦高札を読むと、その事情がよくわかる。

「一、幕府の船は言うまでもなく、ほかの船も難破したときには、地元から船を出して救助にあたること。

一、磯に近い場所では、船が破損しないように気をつけること。

一、もし船が破壊されたときには、船主の要請があれば、その漁村の者が荷物を注意して引き揚げること。船主は、引き揚げられた、浮いた荷物の二十分の一、沈んだ荷物の十分の一を、川の場合は浮いた荷物の三十分の一、沈んだ荷物の二十分の一を残していくこと。

一、洋上で船から荷物を投じたときには、その船が着いた湊で、地元の代官と庄屋が立ち合い、検査をすること。残った荷物を書きしるして『証状』を提出すること。だが、船員と地元の者が謀って、盗み取った荷物を『海に投じた』と嘘をついた場合には、後日になって判明したとしても、それぞれを斬首に処す。さらに漁村の者も一軒につき『過料銭千疋』ずつ出すこと。
一、すべてにおいて、地元の者、よその土地の者でも、悪事を訴え出れば褒美を与える。その場合の罰については、犯した罪の重さによって判断する」
この高札には、海難救助の義務、積み荷を引き揚げてもらったときの礼の残し方、そして「火事場泥棒」的な略取犯罪についての罰則を規定している。

海難事故が起きた場合の救助義務について書かれていることは当然としても、礼の残し方についてまで決めていたことは、なかなかイキなお触れだ。もっとも決めていないと、あとで揉め事が起きることになりかねない。

文中の、積み荷を盗んだ者が出たときの、その漁村一軒あたりの罰金「銭千疋」は、「一疋＝銭十文」なので「銭一万文」「銭十貫」。江戸時代の金銭交換レートは「金一両＝銭四貫文＝銭（寛永通宝）四千枚」だった。このレートで計算すると、金二両半の罰金だったことになる。「金一両＝十万円」とすると、一軒あたり二十五万円。それだけ脅されれば、積み荷を盗もうなどと思わないと幕府は判断したのだろう。

だが、延宝七年（一六七九）一月、相模国の走水《はしりみず》に立てられた高札にも同様のことが書かれている。現在は、船が大型化しているが、江戸時代はかなり海難事故が多く、積み荷を盗む者は後を絶たなかったことをうかがわせる。

若い女の旅人にはとくに注意！

手形に可書載、此の外は於関所不及改之、【寛文元年】

江戸時代の庶民が旅行をする場合、男は「通行手形（または往来手形）」ひとつでなんとでもなったが、女性はそうはいかなかった。俗に言う「入鉄砲に出女」の取り締まりがあったからだ。正しくは「江戸に入る鉄砲、江戸から出ていく女性」を取り締まるもので、それぞれ、老中発行の「鉄砲手形」、江戸留守居役（諸藩の江戸家老）発行の「女手形」が必要だった。なぜ留守居役発行かというと、大名の妻女が勝手に国元に帰るのを取り締まるためだったからだ。

その最初のお触れが、寛文元年（一六六一）八月一日に出された「関所女手形に可書載之覚」というもの。手形に記載されている用語解説と言ってもいい。

「一、乗物は何挺か。

一、禅尼とは、『よき人』の後室、また母姉妹などで髪を剃っている者。

一、尼とは、普通の女で髪を剃っている者。

一、比丘尼とは、『伊勢上人、善光寺上人』などの弟子。または、『よき人』の後室などの召使い。そのほか熊野比丘尼など。

一、髪切とは、髪の長短によらず、（後家など）切り下げ髪にした者。
一、少女とは、十五歳までの女性。振袖を着ていれば少女のはず。
一、乱心女。　一、囚人。　一、死骸。
これら以外の女性は、関所において取り調べるにはおよばない。記載に欠落がある場合はその女性の『年頃様体』と比べて確かめること」

だが、実際に女性が関所を通過するのは、たいへんだった。

「人見女」という女役人から、番所内で身体検査を受けなければならなかった。もし、その女性が密偵だったりしたら、どこに密書を隠しているかわからないからだ。

もし少しでも手形の記載とちがっていれば、国元で手形が再発行されるまで、たとえば七日間ほど宿で待機しなければならなかった。

また、妊婦が関所手前で出産してしまい、手形の記載と人数が違うと咎められ、手形が再発行されるまで宿で待っていなければならない例もあった。

とくに箱根や新居、小仏など、江戸の守りを固めていた関所での取り締まりは厳しく、街道筋を避ける者がいたが、それでも見つかると厳罰が待っていた。

いま「入鉄砲」はともかく「出女」が厳しく調べられたら、それだけで「女性差別」、場合によっては「セクハラ」になりかねない。

渡し船　夜中に江戸を出る船は通すな

夜中従江戸出船、一切不可通之、入船は不苦事　【寛文六年】

陸地を歩くだけが江戸時代の旅ではなかった。川に橋が架《か》かっていないときには渡し船を使うことになる。

そんな渡し場にも、関所同様に高札が立てられていた。

これは、四代将軍徳川家綱の治世の寛文六年（一六六六）六月二十二日、「中川船改所」に立てられたもの。

「一、夜中に江戸から出ていく船はいっさい通してはならない。入ってくる船はこの限りにあらず。

一、通行する者は、番所の前で笠・頭巾を脱がせ、乗り物に乗っている場合には戸を開けてから通行させること。

一、女性は、出ていく場合も入ってくる場合も、たとえ、たしかな証文があろうとも、いっさい通してはならない。

一、鉄砲三挺までは検査したうえで通してよい。それより多いときには、指示を受けること。そのほかの武具についても同様とする。

一、人が隠れておけるほどの器は、その中味を検査すること。それより小さい器はこの限りにあらず。もし万が一、不審なときには、その船を留め置くこと」
さらに「囚人、怪我をしている者、死人、たしかな証文がない者は、通してはならない」と加えている。

このお触れを読むかぎり、女性は渡し船に乗れなかったことになる。江戸時代を通してではないだろうが、渡し場には関所に詰める「人見女」がいなかったのかもしれない。もし、そうであるなら、女性が渡るのが悪いのではなく、女性係員がいないからダメという、いかにも役所的な対応だ。

船に乗る場合は、陸を歩く場合とちがって旅人も苦労が多かった。『旅行用心集』という旅のガイドブックには、そんなときの注意点がこまごまと書かれている。

「船に乗ったら、まず船の中のいろいろな道具、船底の揚げ板や竿《さお》などのある場所を見定めておきなさい。もし強い風雨や突風が吹いて船がひっくり返りそうになったときは、その板や竿を持って水中に入るのだ。こうすれば泳げない人も沈まないので助かりやすい」

また船に酔わないために「船に乗るときに、その川の水を一口飲むと船に酔わない」「強い酢を一口飲んでもよい。梅干しを口に入れているのもよい。また生の大根のしぼり汁を飲むのもよい」など細かいことも書いてある。

府より品川駅まで駄賃銭一駄五十文。乗掛荷は人ともにおなじ。無荷にて乗らば三十二文。人夫は一人廿五文たるべしとなり。【寛永三年】

旅の駄賃は旅人の総重量で計算する

江戸時代の旅行は原則として徒歩だった。だから交通費がかからなかったかといえば、そんなことはなかった。

なぜなら、江戸時代の旅行は長期におよぶため、大量の荷物があったからだ。とくに女性の場合は。たとえば時代劇『水戸黄門』で見る、黄門さま一行の身軽さは、はっきりいってありえない。

かといって荷物を担いで歩くわけにはいかないから、馬に積む、人を雇う、といったことが必要になってくる。もちろん荷物を運んでもらえば代金を支払わなければならない。

では、どれくらいの費用がかかったのか。

享保三年（一七一八）十月に出されたお触れを見ると、たとえば、江戸から品川駅まででも、これだけのカネがかかることがわかる。

「荷物一駄　銭九十四文　乗掛荷、人も同じ
軽尻《からじり》馬一頭　銭六十一文　鐙付《あぶつけ》も同じ
それより重い荷物は本駄賃と同じ

人夫一人　銭四十七文」

用語解説をすると――。

乗掛荷＝駄馬一頭に人が一人乗り、二十貫目の荷物をつけて運ぶこと。

軽尻馬＝荷なしの馬に人が乗ること。五貫目までの荷物を乗せてもOK。

　人を乗せないときは二十貫目までの荷物を軽尻馬として扱った。

鐙付＝「鐙《あぶみ》」のように両側につける意味で、乗掛馬の両側につける小荷物。

貫＝千匁＝三・七十五キログラム。

もう少しわかりやすく説明すると、ひとりの男が荷物を極力減らして十八キログラムまでにして馬に乗り、「人足」一人をつけて、日本橋から品川まで行くだけで銭百八文かかった。「銭一文＝十円」としても千八十円。タクシー代くらいかと思うかもしれないが、品川まで行って帰ってくるわけではないから、距離が伸びれば伸びるだけ、交通費がかかることになる。

　この駄賃は、物価の変動とともに、たびたびお触れが出された。つねに江戸の大高札場に高札が立てられるほど重要なお触れでもあった。

　それだけ、財布の紐がゆるみがちになる旅人の足下を見て、高い駄賃をふっかける者もいたということだろう。

近年富士講と号、奉納物建立紅申立、俗にて行衣を着、鈴最多角之珠数を持、家々之門に立祭文を唱、或護符守等出し、【寛政七年】

目に余る富士山信仰はやめなさい

「講《こう》」といっても、現代の人には耳慣れない言葉だろう。だが江戸時代の人には、とても身近な存在だった。江戸時代の庶民のあいだに広まっていた「講」は大別して三つあった。

ひとつは、ある宗教の信者が集まるもので、浄土宗の御十夜講《おじゅうやこう》、浄土真宗の報恩講《ほうおんこう》、日蓮宗の題目講《だいもくこう》・身延講《みのぶこう》など。ひとつは、金品の相互補助のための頼母子講《たのもしこう》や無尽講など。そして、霊山信仰から派生した伊勢講や富士講など。

たとえば富士講の場合、富士山に七回以上登ったことのある行者を「先達」とし、講の会計係である「講元」、そして講とメンバーの連絡役である複数の「世話役」が構成され、月に一度、夜に集まって「月拝み」を行ない、講金（会費）を積み立て、講のなかの、たとえば五分の一ずつを毎年一回富士登山に行かせて、五年で一クールが終わり、といったものだった。講に参加していれば、いつかは憧れの富士山に登れる、というわけだ。

これだけで終わっていれば取り締まりの対象にならなかったのだろうが、だんだん、富士講の行動がハデになったものだから、とうとう幕府の目についた。

安永四年（一七七五）にいちど禁止令を出したが、それでもやまないため、寛政七年（一七九五）一月、文中で「近年富士講と号《し》と名指しし、こんなお触れを出している。
「『職人日雇取、軽商人等』が講仲間を設立し、修験の袈裟《けさ》を着て、錫杖《しゃくじょう》を振り、なにごとか唱えながら家々の門前に立ち、寄進を乞うたり、病人のために祈願すると言って寄せ集まり、藁《わら》を積んで焚き上げをし、大げさに経を読むなど、山伏まがいのことをしている。また幣束《へいそく》をつくって町々を練り歩き、家々の門に幣をさし、初穂と称して金品を乞い、なかにはそのやりとりで口論までしていると聞く。『不埒』のいたりだから、すぐにやめなさい。神事を口実に店々から金を出させたり、その金額が少ないと『仇』をなしているという。以後、固く禁ずる。違犯した場合は取り調べた上で処罰する」

　にもかかわらず富士講は流行し、享和二年（一八〇二）、文化十一年（一八一四）、天保十三年（一八四二）、嘉永二年（一八四九）と禁止令が出された。天保十三年段階で、江戸だけで九十二講、枝分かれした講も数えると三百講以上があったというから、こんなお触れを出しても、まったく効果がなかったわけだ。

　たとえば伊勢神宮に行く、富士山に登るなど、いまでは少し貯金すればできる。だが江戸時代は徒歩旅行が原則だから時間がかかり、出費もかさむ。庶民がおいそれと行けるものではなかった。だから講に頼らざるをえなかった。町内で積み立てて旅行に行くレベルではなかったのだ。

《番外編》庶民にはわからない武士の世界

——『武家諸法度』だけでない、御触書に見る武士の掟

感染病に罹《かか》ったら、しっかり休め

疱瘡相煩候看病人、見え候日より五十日、御目見不仕事

【慶安三年】

企業勤め、役所勤めの人たちが病気になったら、本人はもちろん、組織全体にも支障をきたすことになる。まして、その病気が感染症のたぐいであればなおのことだ。

三代将軍徳川家光の治世末期の慶安三年（一六五〇）十月四日、幕府は、旗本（将軍へのお目見え可能な身分）・御家人などの幕臣に対して、「疱瘡麻疹藪《ほうそうましんやぶ》いも遠慮之覚」というお触れを出した。「疱瘡」＝天然痘、「麻疹」＝はしか、「藪いも」＝水疱瘡、のこと。

「一、自宅内にいる孫や子、親類が天然痘・水疱瘡に罹ったときは、『三度湯かけ』してから御番医師《ごばん》に届け出ること。ただし部屋を貸している親類・縁者が同じ病に罹ったときには、きちんと仕切ってから御番医師に届け出ること。

一、自分が天然痘に罹ったときは、症状が出た日から七十五日過ぎてから御番医師に届け出ること。（将軍に）お目見えの者は百日経過してからとする。

一、自分が水疱瘡に罹ったときは、症状が出た日から三十五日を過ぎてから御番医師に届け出ること。（将軍に）お目見えの者は七十五日経過してからとする。

一、天然痘の看病人は、症状が出た日から五十日は将軍へのお目見えを禁止する。

一、はしか・水疱瘡の看病人は、症状が出た日から三十五日は将軍へのお目見えを禁止する。お供番の者も同様とする」

　幕府がいちばん恐れていたのは、江戸城中に天然痘・はしか・水疱瘡が伝染すること。いまでこそＷＨＯ（世界保健機関）によって根絶宣言がなされている天然痘は、かつては死亡率が高かった。

　前年の慶安二年には、はしかが流行した記録が残っているし、天然痘・はしか・水疱瘡は繰り返しのように流行するので、幕府はどうしても神経質にならざるをえなかったのだ。まして将軍が感染すると、すわ一大事！　城中の者、その家族が天然痘・はしか・水疱瘡に罹ったと御番医師から連絡が入るたびに将軍の側近の者たちは、ピリピリしていたにちがいない。

　伊達政宗が天然痘で右目を失明したことはともかく、藤原不比等《ふひと》の四人の息子、武智麻《むちま》呂《ろ》・房前《ふささき》・宇合《うまかい》・麻呂が同じ年に相次いで天然痘で命を落としたことを将軍の側近が知らなかったはずがない。

　そういう点で、幕府を守るために必要不可欠なお触れだと言える。いまでいえば、さしずめ、国会会期中にインフルエンザにかかった議員に強制的に休みをとらせるようなもの。もっとも、仮病で休む国会議員が増える可能性もあるが。

給料受け取りのルールとマナー

稟人にむかひ雑言すべからず。米わたらざる前に。俵のうへにのぼり。又は俵に手を触べからず。【万治二年】

旗本や御家人は、どのように「給料」を受け取っていたのだろうか。

彼らは、幕府から支給される蔵米（給料。○石、○人扶持など）をもらうために浅草の蔵役所に出向いて支給手形を提出、並んで順番を待った。蔵役所の前には大きな藁束が立ててあり、これに手形（札）を割竹《わりだけ》にはさんで差した。

万治二年（一六五九）十一月一日、蔵役所の米倉に高札が立てられた。

「一、差札をするときには非常識な振舞いをしてはならない。

一、蔵役所の役人に向かって『雑言』を吐いてはならない。

一、米を渡される前に米俵にのぼったり、米俵に手を触れてはならない。

一、米倉に用もないのに馬で乗り入れてはならない。

一、米俵を渡されるときには、一番から三番までの者が相会して『升目』を検査すること。

これらに背く者は厳重に処罰する」

このお触れは、浅草蔵屋敷に立てられたものだから、すぐに効果を発揮し、守られたはずだ。蔵米を受け取った旗本や御家人は、自分の家で使う分を残して、あとは江戸市中の小売商で売却してカネを受け取っていた。

この支給日の手間の代行をする業者として、スタートしたのが「札差《ふださし》」だった。藁束に「札」を「差」す動作から来た言葉だ。時代劇などでも、よく出てくる。

やがて旗本や御家人たちは、支給される蔵米を担保に札差から借金をするようになった。これがあたりまえになったことで、札差はただの代行業者から高利貸商へと、その実態を変えていくようになった。その業者の数は百前後と少なかった。プライドの高い旗本や御家人たちにとっては堂々と借金できる貴重な存在だった。札差にしても客は旗本や御家人なわけだから、安心してカネを貸すことができた。いわば公務員専用の銀行だが、借りる旗本や御家人たちは、ほとんど会社に給料の前借りをする気分だったにちがいない。札差が旗本や御家人たちの生活を支えていたわけだ。

だが、簡単に借りられるからこそ借金地獄に陥ることにもなる。札差から借りたカネを返せないと、ほかの高利貸しから借りてくるなどしはじめたため、札差は株仲間を結成し、旗本・御家人の金融を独占しはじめるようになった。

寛政元年（一七八九）九月十六日に老中松平定信が発した棄捐《きえん》令は、旗本・御家人の札差への借金のうち「五年前以前の分をチャラにする」というものだった。札差が失った債権総額は百二十万両近かったという。一両十万円とすると、その額千二百億円に達する。

幕府公認の高利貸に用心せよ

武家方は玄関等へ相詰罷在、高声にて雑言申、

【明和二年】

カネは借りずにいられればいちばんだが、そうもいかないこともある。

江戸市中には、札差などの大きな消費者金融業者もあれば、質屋のように店を構えている小さな消費者金融業者もいたが、じつは、それ以外にも、実態が明らかになっていない個人経営の零細金融業者が多数存在していた。後家だったり、棒手振をしながらだったり、とさまざま。彼らの多くは、貸付期間が短く、しかも高利だった。いわゆる「高利貸」で幕府が把握しきれていない、「もぐり」の連中だった。

だが、これから紹介する高利貸は、幕府がその存在を認めていた。認めていたからこそ、ある意味、タチが悪かった。どんな商売ぶりかは、この、明和二年（一七六五）十二月二十三日のお触れを見てもらえば、わかりやすい。

「一、検校《けんぎょう》・勾当《こうとう》、そのほか座頭といった者たちは、『これは官金（上位階を得るために官に上納する予定のカネ）だ』といって高利で貸し付け、もし返済が滞《とどこお》ったときには、座頭たちが大勢で出向き、相手が武家だとすると、玄関などに押しかけ、大声で雑言を吐き、昼夜問わず居座り、わがまま放題に催促をしていると聞く。借金の催促をすること自体はかま

わないが、借りた者に恥をかかせて、返金を求めるようなことはしないように。じつは町人から出資を受けたカネなのに官金と偽っている者もいると聞く。いずれにせよ過剰な高利で貸し、非常識な催促の仕方をしていると奉行所で取り調べることもある。また、返済のおりに礼金の名目でカネを受け取っているとも聞くが、けしからんことだ」

つまり、目の不自由な人たちへの経済的な援助、社会保障のひとつとして、幕府は官金を元手に貸付をして利息をとることを許可していたのだが、「ちょっとばかりやりすぎなので注意しますよ」という内容のお触れだ。お触れが出てしばらくはおとなしくしただろうが、ずっと守っていたかどうかは怪しいものだ。

カネを借りた武家のほうも、社会的に立場の弱い人たちからカネを借りているという負い目もあるため、どうしても泣き寝入りしてしまっていたのだろう。近所の目もあるから、玄関先で「○○様はわれわれ座頭からカネを借りて返さないつもりですか！」などと騒がれたら、「払います。ですから静かにしてください」となる。もちろん貸したほうにすれば、「借りた金は返す。あたりまえじゃないか」だろうが。

借りて返せず、しつこい催促に困った旗本・御家人のだれかが上司に泣きつき、このようなお触れが出たのかもしれない。

いまは、幕府が認可したような制度は、もちろんない。

年表

（作成／編集部）

元号	将軍	主な出来事	お触れ
慶長八年 一六〇三	初代家康	・江戸幕府が開かれる	
慶長十年 一六〇五	二代秀忠	・秀忠、二代将軍に就任	◆かの賊を訴え出た者には銀三十枚！（⇩86頁）
慶長十二年 一六〇七		・朝鮮使節初来日	
慶長十三年 一六〇八			◆金銀銭の基本取引ルール（⇩176頁）
慶長十七年 一六一二			◆船賃の決まり（⇩216頁）
慶長十八年 一六一三		・幕領でキリスト教禁止、後に全国に波及	
元和元年 一六一五		・大坂夏の陣、豊臣氏滅亡 ・武家諸法度、禁中並公家諸法度発布	
元和二年 一六一六		・家康死去 ・「関所改」設置される	◆煙草製造者は入牢、産地の農民、代官は罰金（⇩88頁）

元和三年 一六一七		・日光東照宮社殿造営される	◆木賃宿　薪を持参したら半額（⇩214頁）
元和四年 一六一八			◆銭の相場操作をした者は顔に「火印」の刑（⇩90頁）
元和五年 一六一九		・菱垣廻船による江戸廻船はじまる	◆人身売買は死刑に処す！（⇩92頁）
元和七年 一六二一			◆海道筋の決まり（⇩218頁）
元和九年 一六二三	三代家光	・家光、三代将軍に就任	◆奉公人の刀の所持は主人に罰金（⇩32頁）
寛永二年 一六二五			◆関所では厳しく旅人の本人確認をせよ（⇩220頁）
寛永六年 一六二九		・長崎で踏絵が始まる ・女舞、遊女歌舞伎、女浄瑠璃禁止	
寛永七年 一六三〇		・キリシタン書籍の輸入禁止	
寛永八年 一六三一		・奉書船の制開始（海外渡航に老中の奉書が必須となる）	
寛永九年		・奉書船以外の渡航を禁止	

一六三二		
寛永十年 一六三三		◆庶民のための訴訟入門（⇩178頁）
寛永十二年 一六三五	・日本人の海外渡航および帰国の禁止	
寛永十三年 一六三六	・朝鮮との国交が復活 ・外国人子孫を追放	◆鎖国令　日本を出るな、出た者は戻るな（⇩94頁）
寛永十四年 一六三七	・島原の乱（〜一六三八）	◆船舶事故が起きたら（⇩222頁）
寛永十五年 一六三八		◆隠れキリシタン　見つけたら賞金（⇩96頁）
寛永十六年 一六三九	・ポルトガル人の来航禁止（鎖国が完成する）	
寛永十七年 一六四〇		◆盗賊を取り逃したので注意せよ（⇩98頁）
寛永十八年 一六四一	・桶町火事	
寛永十九年 一六四二	・寛永の大飢饉	

寛永二十年 一六四三 正保四年 一六四七 慶安元年 一六四八 慶安二年 一六四九 慶安三年 一六五〇		・「大名火消」設置される ・田畑永代売買の禁止 ・大坂市中諸法度が発布される ・慶安の御触書	◆将軍様が鷹狩をするときの注意事項（⇩180頁） ◆ニセ同心を見逃すな（⇩100頁） ◆男色　男が男に狂うな（⇩34頁） ◆公方様もご見物、山王祭はつつがなきよう…（⇩38頁） ◆感染病にかかったらしっかり休め（⇩234頁）
承応元年 一六五二 明暦二年 一六五六 明暦三年 一六五七	四代家綱	・若衆歌舞伎禁止 ・明暦の大火（振袖火事）、江戸城本丸などが焼失 ・吉原が日本橋葺屋町から浅草に移転、新吉原となる	◆風紀を乱す「かぶき者」は追捕する（⇩40頁） ◆あやしい「よそ者」を放置するな（⇩102頁） ◆明暦の大火　乗じる暴徒に用心せよ（⇩144頁） ◆火事場の野次馬は斬り捨ててもよい（⇩30頁） ◆延焼防止　指定区域は道を広げよ（⇩146頁）

万治元年 一六五八		・「定火消」設置される	
万治二年 一六五九			◆給料受け取りのルールとマナー（⇩236頁）
寛文元年 一六六一			◆若い女の旅人にはとくに注意！（⇩224頁）
寛文五年 一六六五		・「盗賊改」設置される	◆初物は、買うのも売るのも厳罰（⇩42頁）
寛文六年 一六六六			◆渡し船　夜中に江戸を出る船は通すな（⇩226頁）
寛文七年 一六六七			◆赤ん坊をおろすべからず（⇩104頁）
寛文八年 一六六八		・京都町奉行が置かれる	◆吉原でも倹約第一！　簡素にせよ（⇩44頁）
寛文十一年 一六七一		・宗門人別改 ・東廻航路が開かれる	◆ニセ薬造りは厳しく取り締まる（⇩106頁）
延宝八年 一六八〇	五代綱吉	・綱吉、五代将軍に就任 ・日本各地が次々と水害に見舞われる	
天和元年		・幕府が越後騒動を直裁	◆災害つづきの昨今、米や麦を買

一六八一
天和二年
一六八二
天和三年
一六八三
貞享元年
一六八四
貞享二年
一六八五
貞享三年
一六八六
貞享四年
一六八七
元禄三年
一六九〇
元禄六年
一六九三
元禄八年
一六九五
元禄九年

・井原西鶴『好色一代男』
・「火付改」設置される
・天和の大火（お七火事）
・服忌令
・生類憐みの令
・類族令
・ドイツ人ケンペルが来日
・「慶長金銀」から「元禄金銀」へ改鋳
・宮崎安貞『農業全書』

い占めるな（⇩148頁）
◆火事のときは身ひとつで逃げなさい（⇩150頁）
◆お触れの出版は固く禁ず（⇩182頁）
◆みだりに鉄砲を撃つな（⇩108頁）
◆防火上、蕎麦、うどんの屋台を禁ず（⇩152頁）
◆子供を捨てるな（⇩110頁）
◆変な噂を流す輩を探し出せ（⇩112頁）
◆ゴミを集めて新田を開発（⇩184頁）

一六九六			◆贋金造りは重罪、密告を大歓迎（⇩114頁）
元禄十二年 一六九九		・「火付改」「盗賊改」廃止される	◆生類憐れみの令　犬殺し密告に金子五十両（⇩116頁） ◆大酒を飲むな（⇩46頁）
元禄十四年 一七〇一		・浅野内匠頭が吉良上野介に斬りかかり切腹	◆庶民の財布、質屋の利子は一律に定める（⇩186頁）
元禄十五年 一七〇二		・「盗賊改」復活、「博打改」設置される ・赤穂浪士、吉良邸へ討入り	
元禄十六年 一七〇三		・「火付改」復活 ・人形浄瑠璃『曾根崎心中』、大坂竹本座で初演	◆赤穂浪士を芝居や歌のネタにするな（⇩48頁）
宝永元年 一七〇四			◆新酒の発売時期を守りなさい（⇩188頁）
宝永五年 一七〇九	六代家宣	・家宣、六代将軍に就任	◆富士山大噴火！　被災者を救え（⇩154頁）
正徳元年			◆朝鮮通信使の接待の仕方、見物

一七一一			のマナー（⇩50頁）
正徳二年 一七一二	七代家継	・家継、七代将軍に就任 ・勘定奉行荻原重秀罷免	◆夜十時以降は外出禁止！（⇩120頁） ◆江戸城付近での出店を禁ず（⇩52頁）
正徳四年 一七一四		・絵島生島事件	◆密貿易を白状すれば許し、褒美を与える（⇩122頁） ◆芝居小屋は簡素に、豪華な衣装も禁ず（⇩54頁）
享保元年 一七一六	八代吉宗	・吉宗、八代将軍に就任 ・享保の改革	
享保三年 一七一八		・「火付盗賊改方」設置される ・大岡忠相、「町火消」を考案	◆旅の駄賃は旅人の総重量で計算する（⇩228頁）
享保四年 一七一九		・「相対済し令」出される	◆路地に屋根をふかないこと（⇩156頁）
享保五年 一七二〇		・「四十七組」設置される	◆「隠し売女」を禁ず（⇩56頁）
享保六年 一七二一		・「目安箱」設置される	◆祭りの屋台を全面禁止（⇩58頁） ◆目安箱　直訴状には住所氏名を明記せよ（⇩190頁）
享保七年		・「上げ米の制」が出される	◆密告奨励　放火魔情報には銀子

一七二二		・「小石川養生所」設置される	三十枚！（⇩158頁） ◆江戸の出版　版元は倫理を守れ（⇩192頁） ◆好色本の類はいっさいを禁ず（⇩60頁） ◆心中未遂はさらし者にする（⇩124頁）
享保八年 一七二三		・「足高の制」が出される	◆葵の御紋はいかなる場合も使用禁止（⇩126頁） ◆賭博は重罪！　死刑も免れぬ（⇩118頁）
享保十一年 一七二六			
享保十四年 一七二九		・「源氏坊改行」事件	
享保十五年 一七三〇		・「十組」設置される	◆大岡忠相が考えた画期的な消防体制（⇩160頁）
享保十七年 一七三二		・西日本　蝗害による大凶作 ・享保の大飢饉	◆蝗大発生で凶作！　節食せよ（⇩162頁）
元文五年 一七四〇		・一橋家が創設される	◆悪事を容易にする「人馬」なる芸を禁ず（⇩62頁）
延享三年	九代家重	・加賀騒動	◆人相書　この賊の情報を求む！

一七四六			(⇩128頁)
寛延元年 一七四八		・人形浄瑠璃『仮名手本忠臣蔵』、大坂竹本座で初演	
寛延三年 一七五〇			◆変な格好をするな！(⇩64頁)
明和元年 一七六四	十代家治		◆万民救済のため朝鮮人参を栽培(⇩194頁)
明和二年 一七六五			◆幕府公認の高利貸しに用心せよ(⇩238頁)
明和四年 一七六七		・田沼意次、側用人になる	
明和九年 一七七二		・目黒行人坂の大火	
安永四年 一七七五		・「富士講」流行	
安永六年 一七七七			◆江戸に出稼ぎに来るな(⇩196頁)
安永九年 一七八〇		・蔦屋重三郎、黄表紙を出版	
天明二年		・天明の大飢饉(～一七八七)	

一七八二			
天明三年 一七八三		・浅間山噴火	◆浅間山噴火！ 災害に乗じる暴徒を捕えよ（⇩164頁）
天明四年 一七八四		・上州安中百姓一揆	◆貧しき者も安心 流行病の処方箋はこれ！（⇩198頁）
天明七年 一七八七	十一代家斉	・家斉、十一代将軍に就任 ・松平定信、老中に任ぜられる ・寛政の改革 ・長谷川平蔵、火付盗賊改方に任ぜられる	
天明八年 一七八八			◆乱暴者を見て見ぬふりするな（⇩130頁） ◆役人を装った「ゆすり、たかり」に気をつけよ（⇩132頁）
寛政元年 一七八九		・棄捐令	
寛政二年 一七九〇		・人足寄場設置	◆Uターン組には旅費を支給（⇩200頁）
寛政三年 一七九一		・山東京伝『仕懸文庫』『錦之裏』『娼妓絹籭』	◆男女混浴すべからず（⇩66頁） ◆庶民のための盗賊捕縛心得

寛政七年
一七九五
寛政九年
一七九七
寛政十年
一七九八
享和二年
一八〇二
享和三年
一八〇三
文化二年
一八〇五
文化六年
一八〇九
文化十年
一八一三
文化十三年
一八一六

・「葵小僧」事件
・蔦屋重三郎死去
・江戸で風邪が大流行
◆破戒僧の日道、死刑（⇩36頁）

（⇩134頁）
◆金持ちも葬儀は簡素に（⇩68頁）
◆目に余る富士山信仰はやめなさい（⇩230頁）
◆芸の師匠が色を売るな（⇩70頁）
◆風邪を引いたら生活援助（⇩202頁）
◆女芸人は恥を知れ（⇩72頁）
◆橋の上から石を投げるな（⇩136頁）
◆富くじの類はいっさいを禁ず（⇩74頁）
◆喧嘩は両成敗に処す（⇩76頁）

文政二年 一八一九		・塙保己一『群書類従』正編刊行	◆伊豆七島の名産品は、幕府指定区域で買え（⇩204頁）
文政七年 一八二四			◆町人風や武士風の者の無銭飲食に用心せよ（⇩138頁）
天保元年 一八三〇			◆放火と同罪、「火の元」にならないために（⇩166頁）
天保三年 一八三二		・鼠小僧次郎吉、浅草にて獄門	
天保四年 一八三三		・関東地方に集中豪雨	◆台風直撃！　天下の蔵米を大放出（⇩168頁）
天保九年 一八三八	十二代家慶		◆贅沢はもってのほか！（⇩78頁） ◆暦の出版を禁ず（⇩206頁）
天保十年 一八三九		・水野忠邦、老中首座に任ぜられる ・天保の改革	
天保十四年 一八四三		・江戸・大坂十里四方「上知令」出される	◆寺子屋の子供をえこひいきするな（⇩208頁） ◆豪華な家は質素に改築せよ（⇩80頁） ◆悪事を働く浪人は取り押さえよ

			（⇩210頁）
嘉永六年 一八五三	十三代家定	・家定、十三代将軍に就任 ・ペリー来航	◆黒船来航 努めて静かに過ごしなさい（⇩82頁） ◆このたび賊を逮捕！ 見せしめとする（⇩140頁）
嘉永七年 一八五四		・ペリー再来航	
安政二年 一八五五		・安政江戸地震	◆安政江戸地震 早く元の生活に戻りなさい（⇩170頁） ◆材木商は人の足下を見るな（⇩172頁）
安政五年 一八五八	十四代家茂	・家茂、十四代将軍に就任	
慶応二年 一八六六	十五代慶喜	・慶喜、十五代将軍に就任	
慶応三年 一八六七		・大政奉還	

参考文献

『徳川十五代史（全6巻）』内藤耻叟（新人物往来社）
『新訂増補国史大系　徳川実紀（全10巻）』（吉川弘文館）
『新訂増補国史大系　続徳川実紀（全5巻）』（吉川弘文館）
『江戸町触集成（全20巻）』近世史料研究会編（塙書房）
『幕末御触書集成（全6巻）』石井良助・服藤弘司編（岩波書店）
『校訂江戸時代制度の研究』松平太郎（柏書房）
『定本武江年表　上・中・下』今井金吾校訂（ちくま学芸文庫）
『日本刑罰史年表』重松一重（雄山閣）
『東京百年史　1』東京百年史編集委員会（東京都）
『年表日本歴史（全6巻）』筑摩書房
『三田村鳶魚　江戸生活事典』稲垣史生編（青蛙房）
『江戸物価事典』小野武雄（展望社）
『大江戸調査網』栗原智久（講談社選書メチエ）

『目からウロコの江戸時代』武田櫂太郎（ＰＨＰ）
『江戸語の辞典』前田勇編（講談社学術文庫）
『日本疾病史』富士川游（東洋文庫）
『現代語訳　旅行用心集』八隅蘆菴著・桜井正信監訳（八坂書房）
『新修五街道細見』岸井良衞（青蛙房）
『江戸の旅人』高橋千劔破（時事通信社）
『徳川綱吉』塚本学（吉川弘文館　人物叢書）

切りとり線

★読者のみなさまにお願い

この本をお読みになって、どんな感想をお持ちでしょうか。祥伝社のホームページから書評をお送りいただけたら、ありがたく存じます。今後の企画の参考にさせていただきます。また、次ページの原稿用紙を切り取り、左記まで郵送していただいても結構です。

お寄せいただいた書評は、ご了解のうえ新聞・雑誌などを通じて紹介させていただくこともあります。採用の場合は、特製図書カードを差しあげます。

なお、ご記入いただいたお名前、ご住所、ご連絡先等は、書評紹介の事前了解、謝礼のお届け以外の目的で利用することはありません。また、それらの情報を6カ月を越えて保管することもありません。

〒101-8701（お手紙は郵便番号だけで届きます）
祥伝社　新書編集部
電話03（3265）2310
祥伝社ブックレビュー　www.shodensha.co.jp/bookreview

★本書の購買動機（新聞名か雑誌名、あるいは○をつけてください）

＿＿＿＿新聞の広告を見て	＿＿＿＿誌の広告を見て	＿＿＿＿新聞の書評を見て	＿＿＿＿誌の書評を見て	書店で見かけて	知人のすすめで

★100字書評……江戸の御触書

名前

住所

年齢

職業

楠木誠一郎　くすのき・せいいちろう

1960年、福岡県生まれ。大学卒業後、歴史雑誌編集者を経て作家となる。人気作家として多くの小説を上梓するとともに、題材を幅広く採った歴史関係の著作を数多く手がける。
『お札に描かれる偉人たち　渋沢栄一・津田梅子・北里柴三郎』(講談社)、『日本史・世界史同時代比較年表』(朝日文庫)、『そうだったのか！　歴史人物なぞのなぞ』(静山社) など、著書多数。

江戸《えど》の御触書《おふれがき》

楠木誠一郎《くすのきせいいちろう》

2019年11月10日　初版第1刷発行

発行者……………辻 浩明
発行所……………祥伝社《しょうでんしゃ》
〒101-8701　東京都千代田区神田神保町3-3
電話　03(3265)2081(販売部)
電話　03(3265)2310(編集部)
電話　03(3265)3622(業務部)
ホームページ　www.shodensha.co.jp

装丁者……………盛川和洋
印刷所……………萩原印刷
製本所……………ナショナル製本

Printed in Japan　ISBN978-4-396-11592-0　C0221

〈祥伝社新書〉
古代史

316
古代道路の謎
奈良時代の巨大国家プロジェクト
巨大な道路はなぜ造られ、廃絶したのか？　文化庁文化財調査官が解き明かす
文化庁文化財調査官
近江俊秀《おおみとしひで》

423
天皇はいつから天皇になったか？
天皇につけられた鳥の名前、天皇家の太陽神信仰など、古代天皇の本質に迫る
元・龍谷大学教授
平林章仁《あきひと》

326
謎の古代豪族　葛城《かつらぎ》氏
天皇家と並んだ大豪族は、なぜ歴史の闇に消えたのか？
平林章仁

513
蘇我氏と馬飼《うまかい》集団の謎
「馬」で解き明かす、巨大豪族の正体。その知られざる一面に光をあてる
平林章仁

510
渡来氏族の謎
秦《はた》氏、東 漢《やまとのあや》氏、西 文《かわちのふみ》氏、難波吉士《なにわのきし》氏など、厚いヴェールに覆《おお》われた実像を追う
歴史学者
加藤謙吉

〈祥伝社新書〉
古代史

370
神社が語る古代12氏族の正体
神社がわかれば、古代史の謎が解ける!
歴史作家 関 裕二

415
信濃が語る古代氏族と天皇
日本の古代史の真相を解くカギが信濃にあった。善光寺と諏訪大社の謎
関 裕二

469
天皇諡号《しごう》が語る古代史の真相
天皇の死後に贈られた名・諡号から、神武《じんむ》天皇から聖武《しょうむ》天皇に至る通史を復元
関 裕二 監修

456
古代倭王の正体 海を越えてきた覇者たちの興亡
邪馬台国《やまたいこく》の実態、そして倭国の実像と興亡を明らかにする
古代史研究家 小林惠子《やすこ》

535
古代史から読み解く「日本」のかたち
天孫降臨神話の謎、邪馬台国はどこにあったのか、持統天皇行幸の謎ほか
国際日本文化研究センター教授 倉本一宏
マンガ家 里中満智子

〈祥伝社新書〉
昭和史

460
石原莞爾の世界戦略構想
希代の戦略家にて昭和陸軍の最重要人物、その思想と行動を徹底分析する
名古屋大学名誉教授
川田 稔

344
蔣介石の密使 辻政信
2005年のCIA文書公開で明らかになった驚愕《きょうがく》の真実！
近代史研究家
渡辺 望《のぞむ》

429
日米開戦 陸軍の勝算
「秋丸機関」の最終報告書
「秋丸機関」と呼ばれた陸軍省戦争経済研究班が出した結論とは？
昭和史研究家
林 千勝《ちかつ》

575
永田鉄山と昭和陸軍
陸軍の逸材は、なぜ殺されたのか。巨星の死が及ぼした影響を探る
歴史研究者
岩井秀一郎

581
日本史から見た日本人・昭和編
なぜ、日本は戦争に突入したのか？ 昭和史最大の謎を検証する！
上智大学名誉教授
渡部昇一